AF199355

Stärke – Warum wir alle mehr können, als wir glauben

FLORIAN WILDGRUBER

Stärke – Warum wir alle mehr können,

als wir glauben

Bibliografische Information der Deutschen Nationalbibliothek:
Die Deutsche Nationalbibliothek verzeichnet diese Publikation in der Deutschen
Nationalbibliografie; detaillierte bibliografische Daten sind im Internet über http://dnb.
dnb.de abrufbar.

© 2017 Florian Wildgruber
Covergestaltung: Judith Uhlemann
Bildnachweise: Fotos von Florian Wildgruber auf Vorder- und Rückseite: Christoph
Schalasky; Foto Löwe: Jonatan Pie/www.unsplash.com
Lektorat: Dorothee Köhler, Heide Liebmann
Satz, Herstellung und Verlag: BoD – Books on Demand, Norderstedt
ISBN 978-3-74-942152-7

Inhalt

Vorwort

Im Jahr 1998 hatte ich eine Schaffens- und Lebenskrise. Ich war kurz davor, meine Habilitation abzubrechen und damit meine wissenschaftliche Karriere aufzugeben. Neben den Zweifeln an der Wissenschaftlichkeit meiner Arbeit kam eine Partnerschaft, die mich unglücklich machte, und auch um meine Fitness war es nicht zum Besten gestellt. In dieser Phase meldete ich mich zum Ironman Switzerland an ohne recht zu wissen warum. Ich wusste lediglich, dass es mich reizte und dass ich es tun musste: »Age quod agis!« In der Vorbereitung auf diese große Herausforderung folgte ich intuitiv den fünf Schritten, die Florian in seinem Buch empfiehlt:

1. Keep going: Ich trat dem ortsansässigen Fitness Center bei und ging während der Wintermonate 3- bis 4-mal pro Woche ins Spinning und zum Schwimmen, um wieder fit zu werden.

2. Talk about it: Ich erzählte es Familie, Freunde und Kollegen, um den Grad der Selbstverpflichtung zu erhöhen. Damals war der Ironman noch nicht so bekannt und populär wie heute. Auf mein Vorhaben erntete ich bestenfalls ein müdes Lächeln oder Unverständnis. Von vielen wurde ich schlichtweg als Spinner abgetan.

3. Emotionen: Im Spinning gab es ein Lied, das mich in Hochstimmung versetzte und bei dem ich mir immer vorstellte, wie ich die Schweizer Bergpässe erklimme und erfolgreich auf dem Gipfel ankomme.

4. Naivität: Ich hatte keine Ahnung, was auf dem Weg zum Ironman alles auf mich zukommen würde und ich denke, das war auch gut so, denn sonst hätte ich das Vorhaben möglicherweise gar nicht in Angriff genommen.

5. Mentoring: Im Fitness-Club fand ich einen Trainer und Triathleten, der bereits einen Ironman gemacht hatte. Als er mich beim ersten mal mit ca. 7 bis 8 kg Übergewicht sah, meinte er nur »Mutig!«, aber dann nahm er

mich unter seine Fittiche und zeigte mir, wie man richtig trainiert und das Material präpariert. Als einer der wenigen hat er in dieser Phase an mich geglaubt und mich unterstützt. Wir sind bis heute beste Freunde.

Das regelmäßige Ausdauertraining für den Ironman hat nicht nur die Pfunde schwinden lassen, sondern mir auch viel Energie für die Habilitation gegeben und neues Selbstbewusstsein vermittelt. Eine gute Kollegin und Freundin meinte später, dass ich mich damit wie Münchhausen am eigenen Schopf gepackt und aus dem Sumpf gezogen habe. In den Folgejahren wurde der Triathlon für mich ein Stück Lebenseinstellung und -philosophie. In der Zwischenzeit habe ich 23 Ironman auf vier verschiedenen Kontinenten in meinem Leben bestritten und gefinisht. Der ultimative Höhepunkt war der Ironman in Hawaii 2016, in dem ich zusammen mit Florian am Start stand und nach 15 Stunden glücklich ins Ziel lief.

Ich kenne Florian bereits seit 7 Jahren aus dem Fitness-Studio. Ich habe erlebt, wie er sich von einem jungen Bachelor- und Masterstudenten der Fitnessökonomie zu einer herausragenden Persönlichkeit entwickelt hat, die andere Menschen in hohem Maß inspirieren und motivieren kann. Mit dem Triathlon hat er sich einen Traum erfüllt und viele interessante Erfahrungen mit Höhen und Tiefen gesammelt, die ihn haben reifen lassen. Als Sportler besitzt er die seltene Gabe, seine Gedanken und Gefühle gut ausdrücken zu können. Ich bin mir sicher, dass Sie sein Buch mit Freude lesen und seine Vorträge mit großem Gewinn hören werden.

Prof. Dr. Frank-Martin Belz
Freising, Oktober 2017

Kein Selbsthilfebuch

Als ich am 8. Oktober 2016 um 16:58 Uhr über die Ziellinie des Ironman Hawaii lief, ging für mich nicht nur ein großer Lebenstraum in Erfüllung. Es war vielmehr die bestandene Meisterprüfung nach einer jahrelangen Lehre, in der mir nicht nur beigebracht wurde, wie Triathlon funktioniert, sondern vor allem, wie man das Beste aus seinem Potenzial macht – egal wie die Ausgangssituation sein mag. Für mich war der Triathlon der ehrlichste und beste Weg herauszufinden, wer ich wirklich bin und was ich wirklich kann. Auch das Motto des Wettkampfes 2016 passte für mich wie die Faust aufs Auge. Das hawaiianische Wort Kupaá – was so viel bedeutet wie »die Stärke standhaft zu bleiben, an sich zu glauben und sich selbst und anderen gegenüber loyal zu sein« – hätte es für mich nicht besser ausdrücken können. Denn es ist eine der größten Herausforderungen, auf einem steinigen Weg nicht nur an seine Stärken zu glauben, sondern sich von anderen nicht vom Weg abbringen zu lassen.

Eines vorweg: Dieses Buch ist keine Anleitung zum Glücklichsein und auch kein Leitfaden, der für alle funktioniert. Vielmehr ist es ein großes Buffet, und Du solltest Dir einfach das herauspicken, was Dir weiterhelfen könnte. Denn wenn ich auf mein bisheriges Leben zurückblicke, dann waren es selten langweilige Theorien, die mich beflügelt und motiviert haben. Vielmehr waren es die Geschichten anderer Menschen, die mir Mut gemacht und Hoffnung gegeben haben, für das zu kämpfen, was mir wichtig ist, und das Beste aus meinem Leben zu machen.

In »Good Will Hunting«, einem meiner absoluten Lieblingsfilme, spielt Matt Damon den Kleinkriminellen Will Hunting, der sich aber im Laufe des Films als Jahrhundertgenie herausstellt. Auf der einen Seite ist er allen anderen intellektuell überlegen, auf der anderen Seite hat er massive Probleme, im Leben auf die richtige Spur zu kommen. Robin Williams, der in diesem Film den Psychiater Sean Maguire spielt, soll ihm helfen, sein Leben in den Griff zu bekommen. Dabei fungiert er weniger als Lehrmeister, der kluge Ratschläge gibt, sondern eher als Coach, der ihn dabei unterstützt, das Beste aus seinen Fähigkeiten zu machen, indem er ihm regelmäßig einen Spiegel vorhält. Als Will, der sich seiner Fähigkeiten durchaus bewusst ist, Sean zum wiederholten Male verbal angreift, kontert dieser mit folgender Aussage: »Du bist ein Genie, keine Frage, das zweifelt keiner an. Dir kann niemand auch nur annähernd das Wasser reichen. Mir persönlich aber ist das scheißegal. Denn weißt du was: Ich kann von dir nichts erfahren, was ich nicht auch in irgendeinem Scheißbuch nachlesen könnte. Es sei denn, du erzählst über dich selbst. Wer du bist. Das würde mich faszinieren. Da bin ich dabei.« Ich habe in meinem Leben nur dann von anderen Menschen Ratschläge angenommen, wenn ich wusste, dass diese Person weiß, wovon sie spricht. Für mich ist das der Glaubwürdigkeitsnachweis, den ich brauche, bevor ich mich entscheide, das Ganze selbst auszuprobieren. Alle Tipps und Vorgehensweisen, die ich in diesem Buch niedergeschrieben habe, habe ich selbst immer und immer wieder angewandt. Ich sage Dir offen und ehrlich, dass nicht alles in diesem Buch für Dich funktionieren wird. Es gibt nie den einen Weg, der für alle gleich gut funktioniert, weder im Sport, noch in der Ernährung oder bei der Gesundheit. Wer das Gegenteil behauptet, ist auf dem besten Weg, seinen Lesern einen Bären aufzubinden. Es steht mir nicht zu, Dich Deiner wertvollen Zeit zu berauben, indem ich behaupte, dass mein Weg der einzig wahre ist. Ich kann Dich nur mit meiner Story und meinen Erkenntnissen inspirieren, ebenfalls das Beste aus Deinen Fähigkeiten zu machen. Daher bilden kurzweilige Geschichten, die ich mit den neuesten wissenschaftlichen Erkenntnissen untermauert habe, das Herzstück dieses Buches. Erwarte also keine langweilige Theorien oder Instant-Motivation. Du kannst alles direkt in Deinem Alltag umsetzen. Denn an Lehrbüchern orientiert sich die Potenzialentwicklung garantiert nicht.

Ich wünsche Dir schon jetzt viel Spaß bei der Lektüre meines Buches. Du wirst überrascht sein, wie viel in Dir steckt! Erfahre, welche Stärke Du wirklich hast, und bring Dein Potenzial zum Strahlen!

Herzlichst, Dein Florian Wildgruber
Freising, im Oktober 2017

1. Potenzial –
Unser Licht zum Leuchten bringen

Es ist der 8. Oktober 2016, 6:55 Uhr, Kailua Kona, Big Island auf Hawaii. Ich stehe an der Startlinie des Ironman Hawaii. Links von mir geht langsam über der Bucht die Sonne auf. Direkt vor mir brechen nach und nach gut ein Meter hohe Wellen am Strand. Zwei Kilometer weit draußen sehe ich ein kleines Schiff im Pazifik, zu dem ich gleich hinausschwimmen werde, und rechts von mir ertönt eine Stimme aus dem Lautsprecher. »One minute to go. One minute to racestart.« Ich gehe noch einmal kurz in mich. Ich schließe meine Augen. Ich spüre die Gänsehaut auf meinen Unterarmen und bin nur nicht ganz sicher, ob aus Angst oder vor Freude. Ich rede mir selbst gut zu: »Genieß es. Genieß diesen Tag, auf den Du Dich sieben Jahre lang vorbereitet hast.« Ich gehe noch einmal die letzten Schritte vor dem Start durch. Schwimmbrille zurechtrücken. Lachen und dann ertönt der legendäre Kanonenschlag. The race is on. Die Reise beginnt.

Kailua Kona, Big Island Hawaii am 8. Oktober 2016

Für viele ist ein Ironman der Inbegriff für Schmerzen, Leiden und Qualen. Für mich bedeutet er noch viel mehr. Für mich ist es die höchste Form des Masochismus, wenn man sich da an die Startlinie stellt, obwohl man weiß, was da draußen auf einen zukommt. Darüber hinaus ist der Ironman für mich die beste und ehrlichste Art, mein persönliches Potenzial zu entdecken. Ja, ich weiß, wer spielt schon gerne ein Spiel, bei dem es umso wahrscheinlicher wird zu sterben, je länger es dauert? Doch tatsächlich spielen wir alle jeden Tag ein solches Spiel, ein Spiel namens »Leben«. Sind wir nicht eigentlich alle hier auf dem Mutterschiff Erde, um aus jedem Tag und vor allem aus uns selbst das Beste zu machen? Wir versuchen, jeden einzelnen Bereich unseres Lebens zu optimieren: das Essen, den Sport, den Schlaf. Alles soll perfekt sein. Doch an eine Sache trauen sich die wenigsten wirklich heran: die eigenen Stärken und das eigene Potenzial.

Eigentlich stehen uns in der heutigen Zeit alle Türen offen, unsere Stärken zur Entfaltung zu bringen, aber anstatt durch die Türen hindurchzugehen, bleiben wir beim Eigentlich. Wenn überhaupt, wagen wir nur einen kurzen Blick hinein, um uns dann wieder auf den Flur zurückzuziehen. Die Sehnsucht und die Hoffnung, dass sich schon alles irgendwie von alleine ändern wird, bleiben jedoch. Doch schon Albert Einstein sagte: »Die reinste Form des Wahnsinns ist es, alles beim Alten zu lassen und gleichzeitig zu hoffen, dass sich etwas ändert.« So beschließen manche zwar einmal pro Jahr, nämlich am 31. Dezember, dass sie im neuen Jahr endlich anfangen möchten, etwas aus ihrer Zeit zu machen. Doch noch in derselben Nacht betäuben sie sich dann so mit Alkohol, dass sie am nächsten Morgen bereits vergessen haben, was sie eigentlich ändern wollten. Die großen Vorhaben bleiben mal wieder nichts als traurige Konjunktive, die aber zumindest mit der Hoffnung geschmückt werden, dass wir ja noch Zeit haben.

Eines Tages, Baby

Im Jahr 2013 sorgte die damals erst 21-jährige Studentin Julia Engelmann durch ihren Auftritt bei einem Poetry-Slam für großes Aufsehen. Aus dem Songtext von One Day/Reckoning Song zauberte sie ein Gedicht, mit dessen

Tiefe sie ein Millionenpublikum berührte. In ihrem Text geht es genau um das oben beschriebene Phänomen – dass wir viel zu viele Sachen immer und immer wieder aufschieben. »Eines Tages werden wir alt sein, und an all die Geschichten denken, die wir hätten erzählen können.« Mittlerweile hat das Video knapp 11 Millionen Aufrufe auf Youtube, und es werden jeden Tag mehr. Es ist nicht nur die Art und Weise, wie sie dieses Gedicht vorträgt, das sie so berühmt gemacht hat, sondern vor allem die Tatsache, dass sich so viele Menschen darin wiedererkennen. Wer das Video noch nicht gesehen hat, soll das unter folgendem Link dringend nachholen, es lohnt sich!

https://www.youtube.com/watch?v=DoxqZWvt7g8&t=2

Jeder von uns trägt diese Fähigkeit in sich, etwas aus seinem Potenzial zu machen. Wir wurden damit »auf die Reise geschickt«. Ein Kleinkind erlebt den ganzen Tag über immer wieder eine Vielzahl neuer Sachen. Es probiert aus. Es steht auf. Es fällt hin. Es weint und es lacht. Es erlebt alle möglichen Gefühlszustände und lernt dabei sich und seine Fähigkeiten kennen. Irgendwann wird dann ein Prozess eingeleitet, den wir heute Erziehung nennen, und man versucht das Kind so normal zu machen, dass es ins System passt. Obwohl sich die meisten früher oder später in dieses System einfügen, bleibt im Hinterkopf meist immer noch eine Frage offen: »Ist das alles, was das Leben zu bieten hat?« Ab und an starten wir dann Versuche, um aus diesem Hamsterrad auszubrechen – Silvester, Schicksalsschläge oder Ähnliches –, aber so wirklich gelingen mag es uns nicht. Meist brechen wir diese Versuche schnell ab und trösten uns dann mit den Worten »Ich kann's halt einfach nicht« oder »Ich hab halt keine Stärken«. Dabei tragen wir alle die Fähigkeiten in uns, die notwendig sind, um das Beste aus unserem Leben zu machen. Wir müssen sie nur wieder zum Leuchten bringen.

Mängelexemplar

Es war einmal ein kleiner Junge, der mit einigen Mängeln auf die Welt kam: Schiefhals, Hüftdysplasie, halbseitige Lähmung, Klumpfuß, ADHS. Keiner wusste, ob er jemals normal würde laufen können, und am Ende der Kindergartenzeit sagte man seinen Eltern: »Sorry, aber ihr Kind ist nicht schulfähig.«

Einige Jahre später wurde er nicht nur jüngster Master-Absolvent seiner Universität, sondern 2016 auch noch Triathlon-Europameister und Finisher des Ironman Hawaii, trotz der vielen körperlichen Defizite, mit denen er auf die Welt gekommen war. Heute ist dieser junge Mann mit Vorträgen auf der ganzen Welt unterwegs. Vermutlichen ahnst Du es schon: Dieser junge Mann bin ich selbst. Doch es geht mir jetzt nicht darum, mich zu profilieren. Vielmehr will ich zeigen, was dazu geführt hat, dass aus dem körperlich behinderten und schulunfähigen kleinen Kind ein Mensch geworden ist, der mittlerweile mit beiden Beinen fest in seinem eigenen Leben steht. Das habe ich nicht geschafft, weil ich so toll und besonders bin, sondern weil es eine Menge Menschen gab, die mir gezeigt haben, wie ich meine Stärke nutzen und aus dem, was ich hatte, das Beste machen konnte.

Gelinde gesagt, war ich ein Plagegeist. Ein aufgedrehtes Kind mit einer ADHS-Störung, wobei mir dieser Begriff nie wirklich gefallen hat. Das hört sich so an, als sei etwas kaputt. Neurophysiologisch betrachtet, handelt es sich tatsächlich um eine Art Wackelkontakt an den Synapsen der Gehirnzellen. Mit Sicherheit ist es aber wenig förderlich für die Entwicklung eines Menschen, wenn man ihm ständig erzählt, dass er ein Mängelexemplar ist. Sind wir nicht alle irgendwie Mängelexemplare? Haben wir nicht alle einen mehr oder weniger großen Wackelkontakt? So ganz habe ich auch nie verstanden, wo das Problem lag. Irgendetwas Besonderes musste ich doch an mir haben, denn schließlich wurde ich nach der Schule oft noch persönlich zum Direktor eingeladen. Als Beweis dafür, dass es tatsächlich nicht so schlimm war, wie immer alle behaupteten, habe ich einmal ein Zeugnis von früher herausgesucht, auf dem diese wohlwollend formulierten Kommentare standen. Auf dem Zeugnis der dritten Klasse ist dort folgender Kommentar zu lesen: »Florian war ein sehr temperamentvoller, stets fröhlicher Schüler, der durch seinen großen Eifer erfreute. Er gab sich Mühe, seinen Mitschülern Verständnis, Rücksichtnahme und Hilfsbereitschaft entgegenzubringen, was ihm aber selten gelang.« Das hört sich jetzt vielleicht schlimmer an, als es tatsächlich war, aber wie das meistens so ist: Aus vielen kleinen Problemen werden irgendwann einmal große, und genauso war es bei mir auch. In der dritten Klasse rief die damalige Klassenleiterin bei uns zu Hause an. Das war an sich nicht ungewöhnlich und kam regelmäßig vor, aber an diesem Abend war etwas anders. Die Klassenleiterin sagte zu meiner Mutter: »Frau Wildgruber, es tut mir wirklich Leid, das sagen zu müssen, aber der Maßnahmenkatalog hat bei Ihrem Sohn versagt.« Ich glaube, alle Eltern können sich vorstellen, wie das ist, wenn einem mit einem einzigen Satz so dermaßen der Boden unter den Füßen weggezogen wird. Wenn all die Zeit, all die Mühe, all das, was man halt in sein Kind steckt, damit aus ihm etwas wird, plötzlich quasi komplett entwertet wird. Für meine Eltern war es die Hölle. Ich fand es zuerst immer noch ganz lustig, aber irgendwann habe ich verstanden: »Moment mal, es gibt Menschen, die wollen Dir helfen. Fang endlich an mitzuarbeiten, ansonsten landest Du irgendwann in der Gosse.« Denn es gab eben auch ziemlich viele Menschen, die nichts mit mir zu tun haben wollten. Eltern starteten Petitionen gegen mich, damit ich die Schule verlasse. So etwas geht nicht spurlos an einem Kind vorüber. Wer immer nur seine Schwächen aufgezeigt bekommt, ob als Kind, Jugendlicher oder als Erwachsener, geht irgendwann daran kaputt.

Dumme Fische

Da draußen in der Welt bleiben jeden Tag Tausende Kinder auf der Strecke, weil man ihnen zu verstehen gibt, dass sie nicht ins System passen. Weil man ihnen sagt, was sie alles nicht können. Weil man ihnen klar macht, dass irgendetwas mit ihnen nicht stimmt. Wusstest Du, dass manche Kinder erst mit vier Jahren erfahren, dass ihr Name nicht »Nein« ist? Unfassbar, oder? Laut Statistik nehmen sich jeden Tag zwei Jugendliche in Deutschland das Leben, und geschätzte zwanzig weitere versuchen es. Suizid ist Todesursache Nummer 1 in Deutschland bei Kindern und Jugendlichen. Hauptgrund ist in vielen Fällen mangelndes Selbstwertgefühl. Diese Kinder und Jugendlichen fühlen sich schlicht und ergreifend weder wahrgenommen noch wertgeschätzt, und das in einer Phase des Lebens, in der sie ohnehin schon in einer Sinnkrise stecken. Wer bin ich? Was kann ich? Wo werde ich in 10 Jahren stehen? Bekommen wir in dieser Phase keine Rückendeckung oder werden uns im Gegenteil immer nur unsere Schwächen aufgezeigt, dann kann schlicht und ergreifend keine Stärke und kein Selbstwertgefühl entstehen. Aber genau dieses Selbstwertgefühl ist für fast jeden Lebensbereich ein elementarer Grundstein, ohne den das persönliche Potenzial nie zum Leuchten kommen wird.

Dabei kann jeder Mensch mindestens eine Sache richtig gut, jeder braucht Aufgaben, an denen er wachsen und so richtig zeigen kann, was er drauf hat, und vor allem braucht jeder von uns andere Menschen, die uns das Gefühl geben, dass wir wertvoll sind. Leider bekommen wir stattdessen oft das Gefühl vermittelt, dass es ein paar Auserwählte gibt. Einer unter 10.000 oder 100.000, der etwas ganz Besonderes kann. Ein Genie. Ein Profisportler. Ein Musiker. Ein Schauspieler. Alle anderen sind nur Mitläufer, die zu diesen Personen aufblicken und das Gefühl haben, dass sie selbst nichts können. Aber tatsächlich kann jeder Mensch mindestens eine Sache richtig gut! Vielleicht sind das keine normalen Fähigkeiten, vielleicht ist es etwas Außergewöhnliches. Mir selbst wurde jahrelang immer und immer wieder gesagt, es sei meine größte Schwäche, meinen Mund nicht halten zu können. Heute verdiene ich mein Geld als Speaker und halte weltweit Vorträge.

Mein damaliger Triathlon-Trainer hat beispielsweise einmal zu mir gesagt: »Flo, Du bist nicht der Schnellste, Du bist nicht der Größte, Du bist nicht der Schlauste.« Ich antwortete: »Danke, hast Du mir sonst noch etwas zu sagen?« »Ja, Flo«, erwiderte er, »Du kannst für Sachen kämpfen, die Dir wichtig sind, und das ist extrem wertvoll!« Um auch hier wieder Albert Einstein zu zitieren: »Jeder ist ein Genie, aber wenn Du einen Fisch danach beurteilst, ob er auf einen Baum klettern kann, wird er sein ganzes Leben glauben, dass er dumm ist.« Persönliche Stärken können sich nur unter zwei Bedingungen entwickeln. Erstens: Ich muss mich selbst so akzeptieren, wie ich bin. Denn es gibt nur einen Menschen, mit dem ich mein ganzes Leben klarkommen muss: ich selbst. Und zweitens: Wir alle brauchen Menschen um uns herum, die uns die richtigen Impulse geben, damit eben jenes Selbstwertgefühl reifen kann. Dann erleben wir, dass wir tatsächlich mehr können, als wir glauben!

Flasche leer

Es ist schon einige Zeit her, dass ich am Abend nach einem etwas durchwachsenen Tag im Supermarkt einkaufen war. Meine Stimmung war nicht die Beste, und ich wollte eigentlich schnell wieder aus dem Laden heraus. Als ich an der Kasse meine Sachen aufs Band legte, stand vor mir ein etwa zehnjähriges Mädchen. Die Kassiererin strahlte sie an und sagte: »Hallo, mein Schatz! Schön, dass Du da bist.« Sie packte ihre Sachen in eine kleine Tüte und verabschiedete sich herzlich von ihr. Im ersten Moment habe ich mir noch nichts Besonderes dabei gedacht, außer: »Die müssen sich wohl kennen.« Als dann aber ich an der Reihe war, kam mir ebenfalls ein strahlendes »Hallöchen, mein Lieber. Geht's Dir gut?« entgegen. Ich war total perplex und wusste gar nicht, was ich antworten sollte. Wir wechselten ein paar Worte, und auf dem Weg zurück zum Auto bemerkte ich, dass meine Stimmung deutlich besser war als zuvor. In den folgenden Wochen beobachtete ich die Kassiererin jedes Mal, wenn ich beim Einkaufen war. Ich habe es nicht ein einziges Mal erlebt, dass sie schlecht drauf gewesen wäre. Ganz im Gegenteil, sie vermittelte jedem Kunden das Gefühl: »Hey, ich freu mich, dass Du da bist.«

Ab sofort stellte ich mich an ihrer Kasse an, auch wenn an den anderen deutlich weniger Menschen standen. Es tat mir einfach gut, von einem Menschen bedient zu werden, der mir Energie gab und den Tag ein klein wenig besser machte. Einige Zeit später sprach ich sie an: »Wissen Sie was? Es bereitet mir wirklich Freude zu sehen, mit wie viel Spaß und Herzlichkeit Sie mit Menschen umgehen!« Daraufhin erzählte sie mir, dass sie noch bis letztes Jahr in einer Behörde gearbeitet hatte, in der sie den ganzen Tag keinen Menschen zu sehen bekam. Das Abkassieren und Scannen der Artikel sei nicht das, was sie erfüllte, sondern der tägliche Umgang mit ihren Kunden. Für mich ist diese Frau keine Kassiererin. Sie liebt einfach nur Menschen. Es wäre eine unglaubliche Verschwendung von Potenzial, diesen Menschen in ein Büro zu setzen.

Hast Du bei Deiner Arbeit Gelegenheit, jeden Tag das zu tun, was Du am besten kannst? Laut einer Studie haben 80 Prozent der deutschen Arbeitnehmer das Gefühl, dass sie am Arbeitsplatz ihre Stärken nicht richtig einsetzen können. Das sind also alles Menschen, die darauf warten, dass die Woche schnell vorbei geht. Somit vergeuden 80 Prozent der Menschen 70 Prozent ihrer Lebenszeit. Dabei wartet unser Potenzial nur darauf, endlich genutzt zu werden! Leider ist es jedoch so, dass andere uns meistens gerne so hätten, wie es ihren Vorstellungen, und weniger, wie es unseren Fähigkeiten entspricht. Wenn ein Kind als Objekt behandelt wird, das auf die Welt kommt und wie eine leere Flasche mit Wissen, Erfahrungen und Meinungen gefüllt wird, dann wird aus ihm kein starker, selbstbewusster Mensch, sondern ein Opfer der geistigen Beschränktheit seines Umfeldes. Am Ende wird dieses Kind zu einem Erwachsenen, der zwar gut ins System passt, aber leider seine Stärken niemals einsetzen kann.

War es vor 50 Jahren durchaus noch gewollt, dass Menschen ins System passen, hat sich diese Einstellung inzwischen massiv verändert. Damals brauchte man nur eine Handvoll Querdenker, der Rest sollte einfach nur seine Arbeit tun. Aber in der heutigen Zeit, in der 60 Prozent der Schüler später einem Job nachgehen werden, den es heute noch gar nicht gibt, sind Fähigkeiten wie Kreativität, Querdenken oder autodidaktisches Lernen gefragter denn je. In Zukunft wird die Persönlichkeit den Unterschied machen, und wir brauchen daher dringend ein Umfeld, in dem Persönlichkeitsentwicklung den gebührenden Raum einnimmt. Wir sollten endlich damit anfangen, in Familien, Kindergärten, Schulen und Unis ein neues Fundament für die gewaltige Änderung des künftigen Arbeitsmarktes zu erschaffen.

»Wer an Menschen herumschnitzt, macht sie kleiner. Wer ihnen etwas zeigt, eröffnet ihnen neue Möglichkeiten.« (Michael Rossié)

Was bereust Du?

Wir bereuen selten die Dinge, die wir getan haben, sondern vielmehr die, die wir nicht getan haben. Es sind die Versäumnisse und falschen Entscheidungen, die Menschen in ihren letzten Stunden bewegen. Die Palliativkrankenschwester Bonnie Ware hat Sterbende auf ihren letzten Schritten begleitet und dabei eine erstaunliche Entdeckung gemacht: Menschen machen sich am Ende ihres Lebens fast immer dieselben Vorwürfe. Darüber hat sie ihr Buch »Die fünf Dinge, die Sterbende am meisten bereuen« geschrieben. Das sind sie:

1. »Ich wünschte, ich hätte den Mut gehabt, mein eigenes Leben zu leben.«

2. »Ich wünschte, ich hätte nicht so viel gearbeitet.«

3. »Ich wünschte, ich hätte den Mut gehabt, meine Gefühle auszudrücken.«

4. »Ich wünschte mir, ich hätte den Kontakt zu meinen Freunden aufrechterhalten.«

5. »Ich wünschte, ich hätte mir erlaubt, glücklicher zu sein.«

Immer mehr Menschen suchen sich extreme Herausforderungen. So ist die Anzahl derjenigen, die Extremsportarten betreiben, geradezu explodiert. Und warum? Wir leben in einer Zeit, in der wir den Luxus haben, uns über unsere persönliche Entwicklung Gedanken machen zu können. Es geht nicht mehr ums Überleben, es geht ums Leben! Wenn man die Zeit hat darüber nachzudenken, dann kommt bei vielen das Gefühl hoch: »Das kann es ja wohl noch nicht gewesen sein. Ich muss doch mehr aus mir machen können.« Ob Marathon, Triathlon, Bergsteigen oder andere Grenzerfahrungen, es geht gar nicht so sehr um die jeweilige Herausforderung an sich. Wir wollen uns vielmehr selbst besser kennenlernen. Wer bin ich? Was kann ich? Für mich persönlich waren der Triathlon und insbesondere der Ironman nicht einfach nur Sport, nein, ich bin dadurch zu dem Menschen geworden, der ich heute bin. Ein Ironman bringt Dich an Deine Grenzen. Ein Ironman verändert Dich. Und ein Ironman zeigt Dir, wer Du wirklich bist.

»Ich könnte alles, wenn ich nur wüsste, was ich will.«

Selbstliebe

Wenn man Erwachsene fragt, was sie an kleinen Kindern bewundern, dann ist es meistens die Tatsache, dass sie so sind, wie sie sind. Sie werden auch so akzeptiert, wie sie sind. Allerdings begegnen wir im Laufe unseres Lebens immer wieder Menschen, die uns das Gefühl geben, dass etwas nicht stimmt. Nach und nach bekommen wir so den Eindruck vermittelt, perfekt zu sein, funktionieren zu müssen. Wir setzen uns eine Maske auf, hinter der wir uns dann in der Öffentlichkeit verstecken können, damit wir nicht unser wahres Ich zeigen müssen. Hin und wieder, ganz selten, begegnen wir dann erwachsenen Menschen, die sich in der Öffentlichkeit so zeigen, wie sie sind. Das fasziniert uns, weil wir es nicht gewohnt sind, dass jemand ohne »Maske« einfach so vor die Haustür geht. Offen und ehrlich zu sein, kann ziemlich anstrengend sein, weil man sich damit gegenüber den Meinungen und Ansichten anderer Menschen angreifbar und verletzlich macht. Aber genau damit beginnt die Reise zu der Person, die man sein könnte.

Ich hatte ziemlich lange eine solche Maske auf, mit der ich den Obercoolen gespielt habe. Ein arroganter Kerl, der zeigen musste, dass ihm keiner etwas anhaben kann. Aber Arroganz entspringt nicht der Stärke, sondern der Unsicherheit darüber, wer man selbst ist. Diese Maske abzulegen war für mich die einzige Chance herauszufinden, wer ich wirklich bin. Sich selbst treu zu bleiben, ist eine große Kunst, und ich bewundere Menschen, die genau das schaffen, egal wie groß ihr Erfolg oder Misserfolg ist. Erst wenn wir uns trauen, uns selbst zu lieben und wertzuschätzen, sind wir in der Lage, unser Potenzial zu nutzen.

Man könnte annehmen, dass viele Schauspieler Meister darin sind, eine Maske zu tragen und jemand anderen zu spielen, damit sie ihr eigenes Ich nicht zeigen müssen. Dass diese Annahme aber nicht zwangsläufig stimmen muss, zeigt folgendes Gedicht.

Als ich mich wirklich
selbst zu lieben begann,
konnte ich erkennen,
dass emotionaler Schmerz und Leid
nur Warnung für mich sind,
gegen meine eigene Wahrheit zu leben.
Heute weiß ich, das nennt man
»Authentisch-Sein«.
Als ich mich wirklich
selbst zu lieben begann,
habe ich verstanden,
wie sehr es jemanden beschämt,
ihm meine Wünsche aufzuzwingen,
obwohl ich wusste, dass weder die Zeit reif,
noch der Mensch dazu bereit war,
auch wenn ich selbst dieser Mensch war.
Heute weiß ich, das nennt man
»Selbstachtung«.
Als ich mich wirklich
selbst zu lieben begann,
habe ich aufgehört,
mich nach einem anderen Leben zu sehnen,
und konnte sehen, dass alles um mich herum
eine Aufforderung zum Wachsen war.
Heute weiß ich, das nennt man
»Reife«.
Als ich mich wirklich

selbst zu lieben begann,
habe ich verstanden,
dass ich immer und bei jeder Gelegenheit,
zur richtigen Zeit am richtigen Ort bin
und dass alles, was geschieht, richtig ist
– von da an konnte ich ruhig sein.
Heute weiß ich, das nennt sich
»Selbstvertrauen«.
Als ich mich wirklich
selbst zu lieben begann,
habe ich aufgehört,
mich meiner freien Zeit zu berauben
und ich habe aufgehört,
weiter grandiose Projekte
für die Zukunft zu entwerfen.
Heute mache ich nur das,
was mir Spaß und Freude bereitet,
was ich liebe
und mein Herz zum Lachen bringt,
auf meine eigene Art und Weise
und in meinem Tempo.
Heute weiß ich, das nennt man
»Ehrlichkeit«.
Als ich mich wirklich
selbst zu lieben begann,
habe ich mich von allem befreit
was nicht gesund für mich war,
von Speisen, Menschen, Dingen, Situationen
und von allem, das mich immer wieder hinunterzog,
weg von mir selbst.
Anfangs nannte ich das »gesunden Egoismus«,
aber heute weiß ich, das ist »Selbstliebe«.
Als ich mich wirklich
selbst zu lieben begann,
habe ich aufgehört,

immer Recht haben zu wollen,
so habe ich mich weniger geirrt.
Heute habe ich erkannt,
das nennt man »Einfach-Sein«.
Als ich mich wirklich
selbst zu lieben begann,
da erkannte ich,
dass mich mein Denken
armselig und krank machen kann,
als ich jedoch meine Herzenskräfte anforderte,
bekam der Verstand einen wichtigen Partner,
diese Verbindung nenne ich heute
»Herzensweisheit«.
Wir brauchen uns nicht weiter
vor Auseinandersetzungen,
Konflikten und Problemen
mit uns selbst und anderen fürchten,
denn sogar Sterne knallen
manchmal aufeinander
und es entstehen neue Welten.
Heute weiß ich,
das ist das Leben!

Das Gedicht trägt den Titel »Selbstliebe« und wird Charlie Chaplin zuge-schrieben, der es anlässlich seines 70. Geburtstags verfasst haben soll. Es ist nicht nur wunderbar pointiert geschrieben, sondern es zeigt eben diese Sehnsucht danach, endlich zu sich selbst zu finden.

»Sei Dir selbst etwas wert, erst dann können Dich die anderen gern haben.« (Eckard von Hirschhausen)

Der schwarze Punkt

Aber warum ist es denn so schwer, sein Potenzial zu nutzen? In einem Test wurde Studierenden ein weißes Blatt Papier vorgelegt, auf dem lediglich ein kleiner schwarzer Punkt zu sehen war. Sie sollten nun beschreiben, was auf dem Blatt zu sehen war. Am Ende des Tests las der Professor die Ergebnisse vor, und ohne Ausnahme hatten alle diesen schwarzen Punkt beschrieben, seine Position auf dem Blatt, sein Größenverhältnis zur weißen Fläche usw. Aber niemand hatte auch nur ein Wort über die weiße Fläche verloren. Dieser Test ist ein Sinnbild dafür, wie wir mit dem umgehen, was wir haben. Der Fokus liegt viel zu oft auf den dunklen Stellen, und weniger darauf, die hellen Stellen noch größer und heller zu machen. Wir lernen, wie wichtig es sei, an den eigenen Schwächen zu arbeiten, aber langfristig ist es wesentlich sinnvoller, seine Stärken weiter auszubauen als ewig an seinen Schwächen herumzudoktern.

»Es ist nie zu spät, der zu werden, der man sein könnte.«

Make your bed

Viele Menschen würden ihr Potenzial gerne nutzen und etwas Großes daraus machen. Die meisten lassen dabei jedoch ganz entscheidende Schritte aus. In dem New-York-Times-Bestseller »Make your bed« beschreibt der ehemalige Navy Seal William H. McRaven eindrucksvoll, wie man mit kleinen Dingen die Welt verändern kann. In den Anfängen seiner Navy-Karriere empfand er die simple Aufgabe, in der Früh nach dem Aufstehen sein Bett zu machen, als reine Schikane. Doch schon bald stellte er fest, welche Auswirkungen diese eine kleine Handlung auf seinen Alltag hatte. Denn damit hatte er bereits die erste kleine Aufgabe des Tages erfolgreich absolviert. Daran schloss sich die nächste kleine Aufgabe an, dann wieder die nächste. Und im besten

Falle hatte er so am Abend etwas Großes vollbracht. Selbst wenn der Tag so richtig mies lief, was logischerweise ebenfalls vorkam, stand er am Abend vor dem gemachten Bett. Ganz entscheidend dabei: Er hatte das selbst erledigt! Egal, wie schlecht der Tag sonst gelaufen war, zumindest eine Sache hatte er erfolgreich abgeschlossen. Sein Ratschlag lautet daher: »If you want to change the world start off by making your bed.«

Heutzutage kommen wir sehr schnell an die meisten Dinge heran: Wollen wir uns einen Film ansehen, müssen wir nicht lange darauf warten, sondern streamen ihn einfach oder laden ihn aus dem Internet herunter. Um ein Buch zu kaufen, braucht es nur einen Klick, und schon liegt es am nächsten Tag im Briefkasten. Und selbst bei der Partnersuche scheint das Glück so nahe, wenn wir einfach das Profilbild auf dem Dislplay nach rechts wischen. Sich bei einem Date dieser unangenehmen Situation auszusetzen, in der man dem anderen unsicher und schüchtern gegenübersitzt und versucht, ein interessantes Gesprächsthema zu finden, ist gar nicht mehr nötig. Natürlich ist es einerseits schön bequem, dass uns so viele Dinge schnell zur Verfügung stehen, aber leider vergessen wir dabei die Basics. Wir wollen etwas Großes bewirken und das möglichst schnell, vernachlässigen dabei jedoch nur zu oft die kleinen Schritte. Sich langsam auf sein Ziel hinzubewegen, entmutigt uns, weil wir es gewohnt sind, dass normalerweise alles extrem schnell geht.

Hätte ich damals bei jeder Trainingseinheit daran gedacht, wie weit sie mich meinem Ziel vom Ironman Hawaii näher bringen würde, dann hätte ich ziemlich bald entmutigt aufgegeben. Stattdessen habe ich irgendwann einmal damit begonnen, jeden einzelnen Schritt bewusst wahrzunehmen. Im Schwimmbad gibt es diese Gitter am Rand, in die das Wasser abfließt. Jedes Mal, wenn ich mit meiner Schwimmeinheit fertig war, stellte ich meinen Zeige- und Ringfinger senkrecht auf eine dieser Sprossen und bin auf diese Weise »einen Schritt vorwärts« gegangen. Dabei sagte ich mir: »Another little step to Kona.« Bis zum anderen Ende des Beckens waren es Tausende dieser kleinen Sprossen, und jede einzelne davon war für mich ein kleiner Schritt Richtung Ziel. Sich darüber bewusst zu sein, dass man viele kleine Schritte brauchen wird, um sein Ziel zu erreichen, ist viel ermutigender als die Illusion aufrecht zu erhalten, dass es auch mit wenigen großen Schritten klappen wird. Im Laufe der Jahre wurde ich immer wieder gefragt, was denn aus meiner Sicht das Wichtigste am Training sei. Meist wurde dann eine Art Zauberformel erwartet, eine Magic-Trainingseinheit. Aber meine Antwort war relativ banal. »Das Wichtigste am Training ist, dass es stattfindet.« Viele Dinge kann man wirklich ziemlich schnell bekommen, aber wenn es darum geht, sein Potenzial zu entwickeln, kommt man um diese vielen kleinen Schritte nicht herum.

Du bist ein Unikat

Zwar können wir uns heute in Sekundenschnelle im Internet über Dinge informieren. Die Kehrseite der Medaille: Nicht alle Informationen, die wir dort finden, entsprechen der Wahrheit. Solche Fake-News sind nicht nur irreführend, sondern auch dafür verantwortlich, dass bestimmte Sachverhalte von der breiten Masse vollkommen falsch auf- und wahrgenommen werden. Gerade zum Thema ADHS kursieren sehr viele Halbwahrheiten. Menschen bilden sich auf Grundlage eines dreiminütigen Videos eine Meinung über eine Sache, derer tatsächlicher Tiefe sie sich gar nicht bewusst sind. Diese Halbwahrheiten sind jedoch Gift auf den geschundenen Seelen von betroffenen Kindern und Eltern. Denn befasst man sich genauer mit dieser besonderen Art zu sein, dann wird man feststellen, dass es sich bei den Aussagen »ADHS ist eine Lüge der Pharmaindustrie« oder »Leon Eisenberger, der ›Erfinder der ADHS‹, hat auf seinem Sterbebett gestanden, dass es ADHS überhaupt nicht gibt« und so weiter, um Gerüchte handelt, die jeglicher Grundlage entbehren.

Für alle, die eine Kurzfassung davon haben möchten, was ADHS eigentlich ist, sei hier angemerkt: Es handelt sich dabei um eine fehlerhafte Informationsverarbeitung zwischen den Stammganglien und dem Frontalhirn. Ursache dafür ist ein Ungleichgewicht der Botenstoffe Dopamin und Noradrenalin. Das ist Fakt! Diese Tatsache könnte unter anderem durchaus erklären, wieso viele ADHSler teilweise exzessiv Sport treiben oder sich schwierigen Herausforderungen stellen, bei denen Dopamin ausgeschüttet und somit dieser Mangel zum Teil kompensiert wird. Das Problem ist weniger das

ADHS selbst, sondern der Umgang damit. Wenn Kindern vermittelt wird, dass mit ihnen etwas nicht in Ordnung ist und man sie einfach mit Medikamenten ruhigstellt, muss sich niemand wundern, wenn aus solchen Kindern genau das wird, was ihnen ständig vermittelt wird – nämlich schwache und dumme Persönlichkeiten.

Aber gibt es heutzutage wirklich so viel mehr ADHS-Fälle als noch vor 20 oder 30 Jahren, oder ist auch das nur ein Mythos der Pharmaindustrie? Zuerst muss man einmal realistisch anmerken, dass die Pharmaindustrie natürlich Interesse daran hat, ein Medikament zu verkaufen, das viele benötigen. Das ist in anderen Bereichen nicht anders und rechtfertigt daher noch nicht die Aussage, dass das alles erfunden sei. Doch es gibt heute nicht unbedingt viel mehr ADHSler, als noch vor 30 Jahren. Sie sind heute nur besser sichtbar! Das hat damit zu tun, das viele Kinder immer weniger Bewegung und Aktivitäten im Freien haben, bei denen sie sich austoben und kennenlernen können. Denn dieses Spielen in der Natur ist unter anderem dafür verantwortlich, dass im Körper Dopamin ausgeschüttet wird, also genau der Stoff, den das ADHS-Kind benötigt. Doch wenn bereits 20 Prozent der Sechsjährigen und über 50 Prozent (!) der zwölfjährigen Kinder mehr Zeit mit dem Smartphone als mit Spielen und Bewegung verbringen, wie soll da eine starke Persönlichkeit entstehen? Kinder im Allgemeinen und ADHS-Kinder im Speziellen brauchen körperliche und kreative Aktivitäten, wie sie zum Beispiel bei den Pfadfindern angeboten werden, beim Musizieren oder Malen, um ihr Potenzial zu entwickeln. Sie müssen selbst lernen, ihre Impulse zu regulieren, und dafür brauchen sie Menschen um sich herum, die ihnen regelmäßig einfach das Gefühl geben, dass sie genau so wie sie sind, richtig sind. Aber wenn sich manche Mütter und Väter lieber mit Facebook, Instagram oder ihrer beruflichen Karriere beschäftigen als mit der Entwicklung ihres Kindes, dann kann man tatsächlich nur hoffen, dass sich das Kind trotz der geistigen Beschränktheit der Eltern gut entwickelt.

Ich selbst bin zudem davon überzeugt, dass heutzutage zu viel Methylphenidat (z. B. in Form von Ritalin) verschrieben wird, vor allem deswegen, weil es der scheinbar einfache und angenehme Weg ist. Oftmals stimmt schlicht und ergreifend die Diagnose nicht. In Deutschland gibt es viel zu wenig

Kinder- und Jugendpsychiater, was zur Folge hat, dass es fast unmöglich ist, einen Termin für das Kind zu bekommen. Meine Mutter hat damals, als die häusliche und schulische Situation völlig zu entgleiten drohte, zwei Mal den Versuch gestartet, einen solchen Termin für mich zu erhalten. Wartezeit über ein Jahr! Oft geht es um Situationen, die für das gesamte Umfeld kaum noch zu ertragen sind. Wenn es dann keine sachgerechte Hilfe gibt, wird manchmal vom Haus- oder Kinderarzt eben doch Ritalin verordnet, ohne dass die Diagnose abgesichert ist. Bei der richtigen Diagnose ist Ritalin für ADSler ein Stoff, der dem Körper fehlt, vergleichbar mit Schilddrüsenhormonen bei Schilddrüsenunterfunktion, Insulin beim Typ-I-Diabetes oder Cortison bei einer Nebennierenunterfunktion. Kein Mensch würde diesen Patienten die Substitution dieser fehlenden Stoffe vorenthalten.

Erst die gezielte Medikation hat mir ermöglicht, auf einmal mit Gleichaltrigen spielen zu können. Sie hat mir ermöglicht, Sozialkompetenzen zu entwickeln, die jedes ADHS-Kind besitzt, jedoch nicht immer richtig einsetzen kann. Sie hat mir ermöglicht, mir meines Verhaltens bewusst zu werden, sodass ich schließlich lernen konnte, meine Impulse auch ohne Ritalin selbst zu regulieren. Eine Zeit lang waren die Medikamente *ein* Glied in der Kette, sie waren aber definitiv *nicht* die Kette selbst! Eine Sache ist Ritalin definitiv nicht: ein Ersatz für eine liebevolle, wertschätzende, aber auch strenge Erziehung, die ein ADHS-Kind braucht. Meine Eltern und Großeltern haben in der Tat alles dafür gegeben, dass ich mein Potenzial entwickeln konnte. Dennoch war eine Behandlung mit Ritalin ab einem gewissen Punkt unausweichlich. Vielleicht kannst Du das schwer nachvollziehen, aber wenn eine Familie dabei ist, auseinanderzubrechen und das betroffene Kind ebenfalls daran kaputt geht, dann zieht man eine medikamentöse Behandlung in Betracht.

Warum ist mir dieses Thema so wichtig, und warum gebe ich dabei so viel Persönliches preis, obwohl ich mich damit extrem angreifbar mache? Der Grund ist ziemlich banal: Ich weiß wirklich verdammt gut, wie es sich anfühlt, als ADHS-Kind abgestempelt zu werden. Ich weiß, wie Eltern, Geschwister und andere Beteiligte darunter leiden und wie sie sich fühlen, wenn sie sich von anderen als Rabeneltern und Erziehungsversager beschimpfen lassen müssen, weil sie ihr Kind scheinbar nicht im Griff haben. Ich weiß, wie sich das anfühlt, und genau deswegen werde ich mein ganzes Leben alles dafür geben, das Beste aus mir zu machen. Das bin ich anderen und vor allem mir selbst schuldig! Nicht, um mich selbst zu präsentieren, sondern um anderen Betroffenen Mut und Hoffnung zu machen. Und ich will sowohl denjenigen, die behaupten, dass es ADHS nicht gibt, als auch denjenigen, die die Kinder ausschließlich mit Medikamenten vollpumpen, beweisen, dass ADHS keine Störung, sondern eine riesige Chance ist, etwas Großartiges aus seinem Leben zu machen. Das kostet Mut, Kraft und Energie, aber es lohnt sich! Ob Du ADHS hast oder nicht, jeder ist auf seine ganz persönliche Art speziell und nicht normal. Das ist auch gut so! Im Grunde geht es nur darum, unsere wahre Stärke zu entwickeln.

Harvard-Professor Ned Hallowell hat es gut auf den Punkt gebracht: »Was Menschen nicht merken, ist, dass ADHS ein Segen ist. Es zu haben, ist wie einen Ferrari mit Fahrradbremsen zu fahren. Sie verfügen über die ganze Kraft eines der schnellsten Autos, aber Sie wissen nicht, wie Sie wieder langsamer werden sollen. Ich bringe Ihnen bei, wie Sie die Bremsen steuern. Und wenn ich das mache, dann sind Sie schneller als alle anderen.«

2. Umfeld – Wenn Dich jemand ignoriert, dann störe ihn nicht dabei

Wahrscheinlich denkst Du Dir jetzt: Na, super, aber wie schaffe ich Selbstakzeptanz, und wie zum Teufel hat der Typ die Kurve bekommen? Die Antwort auf die erste Frage ist relativ banal: Indem ich mich mit Menschen umgebe, die mich so nehmen, wie ich bin, und mich von allen anderen fernhalte. Es gehört zu den schlimmsten Dingen, die man einer Person antun kann, ihr das Gefühl zu geben, dass irgendetwas mit ihr nicht stimmt. Diese Art der Verachtung kann schlimmer sein als jede körperliche Folter. Tatsächlich werden im Gehirn bei seelischen Schmerzen dieselben Regionen aktiviert wie bei körperlichen. Natürlich ist mir nicht entgangen, dass viele Menschen hinter meinem Rücken getuschelt haben. Natürlich habe ich auch mitbekommen, dass die meisten davon überzeugt waren, ich würde irgendwann einmal in der Gosse landen. Und dass jede Woche die Eltern von Mitschülern angerufen und sich über mich beschwert haben, habe ich auch mitgekriegt. Und worüber haben sie sich beschwert? Darüber, was ein Kind mit ADHS halt so macht: rumzappeln, ständig reden, unkontrolliert lachen. Ja, sie haben es tatsächlich ›unkontrolliertes Lachen‹ genannt. Kennst Du das, wenn man eigentlich nicht mehr lachen darf, aber es lässt sich einfach nicht unterdrücken? Darin war ich echt gut. Aber je mehr Leute sich beschwert haben, desto schlimmer wurde es. Ich habe noch mehr geredet. Ich war noch unruhiger und habe noch mehr gelacht. Das war nie böswillig, ich wollte niemandem damit schaden. Im Endeffekt gab es nur einen Grund, warum ich so reagiert habe: Es war ein verzweifelter Schrei nach Akzeptanz und Zugehörigkeit. Dazuzugehören ist ein menschliches Grundbedürfnis, für das wir alle mehr oder weniger intensiv kämpfen. Vermutlich ist es in der heutigen Zeit präsenter denn je. Wir versuchen, uns überall ins rechte Licht zu rücken, ob auf Facebook, Instagram oder anderen sozialen Medien. Wir wollen schlicht und ergreifend gut dastehen und wahrgenommen werden.

Das neue Crack

Wir brauchen Menschen, mit denen wir unsere Erfolge teilen können. Wir brauchen Menschen, die uns das Gefühl geben, dass das, was wir tun, wertvoll ist. Wenn jemand 2000 Facebook-Freunde hat, dann doch nicht deswegen, weil das so glücklich macht! Vielleicht hat dieser Mensch im Gegenteil keinen einzigen richtigen Freund, dem er zeigen könnte, was er drauf hat. Der Hollywood-Schauspieler Robin Williams, der sich, wie Du sicher weißt, 2014 das Leben genommen hat, hat einmal gesagt: »Ich dachte immer, das Schlimmste, was einem im Leben passieren kann, ist allein und einsam zu enden. Das ist es aber nicht. Das Schlimmste im Leben ist, mit Menschen zu enden, die einem das Gefühl geben, einsam zu sein.« Diese imaginären Social-Media-Beziehungen machen uns kaputt. Likes geben uns das Gefühl, dass jemand uns unterstützt, und der WhatsApp-Signalton führt dazu, dass im Körper Dopamin ausgeschüttet wird, weil wir glauben, dass jemand an uns denkt. Aber Oxytocin, auch als Liebes- und Beziehungshormon bekannt, das uns das Gefühl von Geborgenheit und Akzeptanz gibt, wird leider nur im echten Kontakt mit Menschen ausgeschüttet.

Facebook und Instagram sind das neue Crack. Sie geben uns ein gutes Gefühl, aber machen uns trotzdem kaputt. Ich bin froh, dass ich in einer Zeit aufgewachsen bin, in der es kaum solche sozialen Netzwerke gab, denn ich weiß nicht, ob ich mich nicht einfach in diese Scheinwelt geflüchtet hätte. Auf den ersten Blick ist es ganz banal. Über jede Momentaufnahme des Lebens lässt sich ganz einfach ein Filter legen, um so noch mehr Likes zu bekommen, aber innerlich spüren wir, dass wir uns selbst belügen. Ohne Frage, soziale Netzwerke sind eine großartige Möglichkeit, mit Menschen auf der ganzen Welt in Kontakt zu treten und schöne Momente zu teilen. Sie sind dafür eine grandiose Plattform, aber sie machen nicht unser Leben aus. Denn es sind ehrliche Worte, liebevolle Umarmungen und gemeinsames Lachen und nicht Likes, Kommentare oder Emojis, die unser Leben bereichern und uns unseren Zielen näherbringen.

Was willst Du mal werden?

Als Kind hat jeder von uns Träume, und wir kämpfen dafür. Wir wollen die Welt entdecken und erobern. Wenn man ein kleines Kind nach seinem Traumberuf fragt, dann bekommt man häufig Antworten wie Astronautin, Polizist, Prinzessin, Model, Fußballer, Youtube-Star. Erwachsene lächeln und denken sich dabei meistens: »Naja, irgendwann werden sie schon vernünftig.« Ein paar Jahre später kommt die Frage erneut: »Was willst Du denn mal werden?« Und die Antworten fallen womöglich gleich aus, nur mit dem Unterschied, dass die Erwachsenen jetzt anders darauf reagieren. »Das ist ja Blödsinn. Astronautin, das schaffst Du nie. Das wird ja maximal einer unter einer Million. Also, was willst Du später mal werden?« Mit dieser Frage ist übrigens nicht gemeint, wer man später *selbst* werden möchte, sondern womit man später sein Geld verdienen will. Am Anfang sträubt sich das Kind noch ein wenig, aber irgendwann realisiert es, dass es scheinbar nicht erwünscht ist zu träumen, und es legt seine Träume beiseite. Aber im Hinterkopf leben diese Träume insgeheim immer noch weiter.

Du wirst, was man Dir sagt

Jeder Mensch hat ganz persönliche Stärken, aber nur wenn andere diese auch anerkennen und fördern, wird man zu dem Menschen, der man sein könnte. Umgekehrt stimmt das leider auch. In der 5. Klasse hatte ich eine Deutschlehrerin, die uns vor versammelter Klasse am Anfang des Jahres unsere Note für das Zeugnis vorausgesagt hat. Sie wusste ganz genau, dass ich in der Klasse nicht beliebt war. Diese Frau stellte sich vor mich hin und sagte mit einem süffisanten Unterton: »Ach, Florian, weißt Du, ich glaub', ein Fünfer wird's schon werden.« Natürlich hat das für großes Gelächter in der Klasse gesorgt, und auch ich habe so getan, als fände ich das lustig. Aber innerlich fühlte es sich an, als würde mir jemand ein Messer in die Brust rammen. Rate mal: Welche Note hatte ich wohl am Ende des Jahres? Richtig – eine 5! Ich war genau der Versager geworden, als den meine Lehrerin mich sah. So ein Satz, so eine Geste, kann das Selbstwertgefühl eines

Menschen entweder auf die Größe eines riesigen Ballons aufblasen oder auf die Größe eines kleinen Würfels zusammenstampfen. Dass es auch anders gehen kann, hat mein damaliger Biologielehrer bewiesen. Ihm war klar, dass ich durchaus gewillt war, den Stoff zu lernen, aber eben nicht auf die langweilige theoretische Weise. Wo andere Lehrer mich aus dem Unterricht ausschlossen, bezog er mich bei praktischen Übungen speziell mit ein. Ein einfacher Schulterklopfer in Verbindung mit den Worten »Respekt, Florian, Du hast echt was drauf«, war wie Balsam auf meiner geschundenen Seele. Zwölf Jahre später landete genau dieser Lehrer zufälligerweise als Patient bei meiner Mutter im Krankenhaus. Tatsächlich kam er mit meiner Mutter ins Gespräch und konnte sich noch an mich erinnern. Er sagte: »Wissen Sie, Frau Dr. Wildgruber, in meiner 40-jährigen Arbeit als Lehrer war Florian eines der ganz wenigen ADHS-Kinder, die es geschafft haben, ihre Stärken und Potenziale zu entwickeln, vor allem deswegen, weil er Menschen um sich herum hatte, die ihn unterstützt haben.« Für mich ist das im Nachhinein schön zu hören, und es macht mich stolz darauf, dass ich solche Eltern und Großeltern habe, die mir die Chance gaben, mich auf meine Weise zu entwickeln.

Lass Dir in den Arsch treten

Für meine Eltern und Großeltern war es oft noch viel schlimmer als für mich selbst. Sie mussten sich jede Woche anhören, wie sehr sie in ihrer Erziehung versagten, obwohl sie tatsächlich alles dafür taten, dass ich in die richtige Spur kam. Als ich sechs Jahre alt war, gab mein Vater sein Unternehmen auf, mit den Worten: »Ich werde mir nie vorwerfen, dass mein Sohn auf die falsche Bahn geraten ist, nur weil beide Eltern voll arbeiten und ich zu wenig Zeit für ihn hatte.« Er pachtete auf dem Bauernhof eines guten Freundes ein Grundstück, auf dem ich zusammen mit anderen Kindern einen großen Teil meiner Kindheit verbracht habe. Vor allem waren dort Menschen, die mich so akzeptierten, wie ich war. Der Bauer hat mich einerseits einfach machen lassen, ohne mir ständig auf die Finger zu schauen, was ich gerade falsch mache. Auf der anderen Seite bekam ich aber auch Ärger, wenn ich wirklich Unfug trieb. Die Schranken, die er mir dabei setzte, waren für mich dann aber verbindlich. Der Bauer liebte und akzeptierte mich so wie ich war, und deshalb war es für mich auch nicht schwer, seine Kritik zu akzeptieren.

Ob es meine Eltern oder Großeltern waren, der Bauer oder auch mein späterer Handballtrainer: Alle haben verstanden, was notwendig ist, damit sich ein Kind entwickeln kann. Erstens: Gib dem Kind Freiheit, damit es herausfinden kann, worin seine Stärken liegen. Dafür ist vor allem ein Ort elementar: die Natur. Kein Spielplatz, kein Smartphone. Einfach nur eine Wiese, ein Wald, ein Bach oder Tiere. Denn dort kann das Kind kreativ werden und beginnt, sich mit den Dingen auseinanderzusetzen, für die es sich interessiert. Zweitens: Gib dem Kind das Gefühl, dass es ok ist, so wie es ist! Jeder hat Macken, Ecken und Kanten. Aber lieber ein eckiges Etwas als ein rundes Nichts. Wahre Stärke entwickelt sich dann, wenn wir das Gefühl vermittelt bekommen, dass wir trotz unserer Schwächen bedingungslos akzeptiert und geliebt werden. Sätze wie: »Ich habe Dich erst wieder lieb, wenn Du brav bist«, sind Gift im Garten der Potenziale. Und drittens: Gib dem Kind auf strenge, aber liebvolle Weise Leitplanken, innerhalb derer es sich bewegen darf. Aber wie sollen Kinder heutzutage ihre Stärken erkennen und entwickeln, wenn bereits 50 Prozent der Fünfjährigen ein Smartphone besitzen? Wie sollen sie Selbstakzeptanz entwickeln, wenn man ihnen ständig klar macht, dass sie es im Leben nur dann zu etwas bringen, wenn sie in der Schule gute Noten haben? Und wie sollen sie lernen, im Leben mit Niederlagen umzugehen, wenn sie in Watte gepackt werden und man ihnen sagt, dass alles irgendwie immer von alleine gut werden wird? Wenn ein Kind im Sportunterricht eine Urkunde für die Teilnahme bekommt, obwohl es Letzter geworden ist, dann zeigt ihm das zwar auf der einen Seite, dass es trotz des letzten Platzes ok ist. Auf der anderen Seite wird das Kind auf diese Weise aber nie lernen, mit Niederlagen umzugehen. Spätestens im Berufsleben wird es nämlich erkennen, dass es für die Teilnahme alleine keine Urkunde gibt.

Für mich ist das bis heute eine der wichtigsten Erfolgsregeln, um sein Potenzial zu entwickeln: Suche Dir Menschen, die Dich so akzeptieren, wie Du bist, und dann gib ihnen die Erlaubnis, dass sie Dir in den Arsch treten dürfen. Aber lass Dir niemals von jemandem in den Arsch treten, der Dich nicht akzeptiert! Menschen zu sagen, dass sie wirklich in Ordnung sind und alles ganz toll machen, ist das eine. Was uns aber wirklich stärkt ist, wenn wir sie das auch in unserem Handeln spüren lassen.

Ich kann mich noch an einen Abend erinnern, an dem wieder einmal die Mutter eines Mitschülers bei uns zu Hause angerufen hatte. Sie warf meinem Vater ein böses Wort nach dem anderen an den Kopf. Ich war zufällig im Zimmer nebenan, und er wusste ganz genau, dass ich zuhöre. Schließlich sagte er ihr: »Wissen Sie, ich sag' ihm ja sowieso schon immer, ›Flo, ignorier‹ diese Menschen einfach.«« Meiner Mutter, die in solchen Situationen meist viel diplomatischer vorging, fielen vor Schreck in der Küche gleich die Teller aus der Hand. Diese Frau hat nie wieder bei uns angerufen, aber was viel entscheidender war: Ich saß nebenan und hatte Tränen in den Augen, weil ich spüren konnte, dass mein Vater zu hundert Prozent hinter mir steht.

Du bist die Summe der fünf Menschen, mit denen Du Dich umgibst

Nach den ersten beiden Jahren als Triathlet war für mich klar, dass mir dieser Sport nicht nur extrem viel Spaß bereitet, sondern dass ich möglichst schnell besser darin werden wollte. Also habe ich mir überlegt, wie ich das am besten anstellen könnte. Was bringt den größten Fortschritt? Mehr Training? Bessere Ernährung? Besseres Material? Nichts davon! Den größten Fortschritt konnte ich erzielen, indem ich mich mit Menschen umgab, die bereits das erreicht hatten, was ich wollte. Ich flog mehrmals im Jahr ins Trainingslager, um mit den besten Athleten der Welt zu trainieren. Aber es war nicht alleine das Training mit diesen Athleten, das mich besser gemacht hat. Vor allem war ich einfach den ganzen Tag mit diesen Athleten zusammen. Wir sprachen über die gleichen Dinge. Wir trainierten zusammen und hatten ähnliche Ziele. Nach drei Wochen Trainingslager war mein Hirn vollkommen auf Triathlon programmiert, und ich hatte meine Ziele ganz klar vor Augen. Sobald ich zu Hause wieder Kontakt zu Menschen hatte, die alles, was ich tat, in Frage stellten, fing ich selbst wieder an, vieles zu hinterfragen, und ich konnte spüren, wie mir das meine Energie raubte.

Man hat das Ganze sogar wissenschaftlich untersucht und festgestellt, dass wir die Summe der fünf Menschen sind, mit denen wir uns am häufigsten umgeben. Wir sind ungefähr so dick oder dünn wie diese Leute. Wir sind in etwa so gestresst oder entspannt wie sie. Wir sind ungefähr so zufrieden mit uns und unserem Leben wie sie. Tatsächlich verdienen wir plus minus 500 Euro sogar genauso viel wie sie. Und warum ist das so? In unserem Hirn sitzen so genannte Spiegelneuronen, und die machen genau das, was der Name schon sagt: Sie spiegeln alles, was wir sehen und hören. Und das Beste daran: Unser Gehirn bewertet diese Info am Anfang nicht.

Du kannst das gerne ausprobieren. Lächle auf der Straße einfach mal eine fremde Person an. Na gut, in Deutschland solltest Du da vielleicht ein wenig aufpassen, damit Du keine Probleme bekommst, weil sich der ein oder andere denkt: »Was willst Du von mir?« Aber in der Regel wird die andere Person intuitiv zurücklächeln. Dieses Phänomen funktioniert allerdings nicht nur bei den positiven, sondern leider auch bei den negativen Dingen. Umgibt man sich also mit Menschen, die den ganzen Tag nur jammern, wird man irgendwann selbst zum Jammerlappen. Zum Glück gibt es aber auch Naturtalente. Solche Menschen, die immer gut drauf sind, kennst Du sicher auch. Die kommen am Montagmorgen um sieben Uhr zur Tür herein und als Erstes sagen sie: »Guten Morgen! Hallöchen! Schön, dass ich da bin. Weiter machen!« Wenn Du selbst an diesem Tag weniger gut gelaunt bist, denkst Du Dir wahrscheinlich: »Kannst Du nicht Deine Fresse halten?« Aber wenn Du den ganzen Tag mit dieser Person zu tun hast, dann bist Du am Ende des Tages garantiert selbst gut drauf.

Hirnnahrung

Vor einiger Zeit kam ich im Fitness-Studio mit einer Frau ins Gespräch, und sie klagte in einer Tour darüber, wie schlimm doch alles in der Welt geworden sei. Dass schon wieder ein Terroranschlag war, und dass die Bilder in den Nachrichten für sie schwer zu ertragen sind. Als ich ihr dann erklärt habe, dass ich das zwar auch schlimm finde, aber mich damit nicht beschäftige, war sie ganz erschrocken und fragte mich, wie man bloß so empathielos sein könne. Natürlich ist es schrecklich, was an manchen Orten dieser Welt passiert. Terroranschläge sind furchtbar, und dass täglich irgendwo auf der Welt Kinder verhungern, ist ebenfalls schrecklich. Aber wenn ich mir all diese Bad News jeden Tag anhöre, ändere ich an ihrer Situation rein gar nichts. Das können wir nur, wenn wir beispielsweise selbst nach Afrika fliegen und den Menschen vor Ort helfen oder anderweitig versuchen, die Welt zu einem besseren Ort zu machen. Aber sich dauerhaft nur mit diesen Informationen beschallen zu lassen und dann auch noch mit anderen darüber zu reden, ändert nicht nur nichts an der Situation, es trägt vor allem dazu bei, dass wir uns immer hilfloser fühlen. Und aus diesem Ohnmachtsgefühl heraus kommen wir erst recht nicht ins Handeln.

Ich höre selbst gerne Radio oder sehe auch mal fern, aber ich habe irgendwann beschlossen, jegliche Form von Bad News soweit wie möglich zu vermeiden. Ich kann nicht die ganze Welt retten – aber ich kann mit meinem bescheidenen Beitrag dafür sorgen, dass ich sie irgendwann ein klein wenig besser verlasse, als ich sie vorgefunden habe. Obendrein macht es nicht nur mehr Spaß, über Erfolge und gute Taten zu sprechen, selbst wenn sie nur im Kleinen stattgefunden haben – es vermittelt vor allem auch noch Hoffnung und Mut, das Beste aus sich und der Welt zu machen. Wir haben es selbst in der Hand, ob wir uns mit Menschen umgeben, die uns nach unten ziehen, oder mit Menschen, die uns dabei helfen, unser Potenzial zu entwickeln. Wir haben es selbst in der Hand, ob wir unser Hirn täglich mit negativen Nachrichten über Mord und Totschlag füttern oder mit den schönen Dingen des Lebens. Wir haben es selbst in der Hand, ob wir das Leben mit Angst und Hilflosigkeit oder mit Mut und Hoffnung meistern möchten.

»Alles was das Böse benötigt, um zu triumphieren, ist das Schweigen der Mehrheit.« (Kofi Annan)

---

3. Ziele – Das Wichtigste am Training ist, dass es stattfindet

Sieht man sich auf dem Büchermarkt um, dann wimmelt es dort geradezu vor Ratgebern zu den Themen Erfolg, Motivation und Zielerreichung. Gibt es jedoch auf dem Markt fünfzig verschiedene Medikamente gegen Kopfschmerzen, dann ist das ein relativ verlässliches Zeichen dafür, dass keines so wirklich funktioniert. Ähnlich verhält es sich beim Thema Erfolg. Den einen goldenen Weg zum Erfolg gibt es nicht. Vielmehr geht es darum, sich aus unterschiedlichen Konzepten das heraus zu picken, was für einen selbst funktioniert. Nach über 15 Jahren Leistungssport habe ich eine ziemlich klare Vorstellung davon, was bei mir funktioniert, und im besten Falle sind ein paar Bausteine dabei, die auch Dich ein klein wenig weiter zum Ziel bringen.

Sicherlich hast auch Du Dir schon einmal Ziele gesetzt. Schließlich muss man das ja machen, so wird es uns überall erklärt. Wahrscheinlich hast Du auch schon das ein oder andere Ziel erreicht, oder? Aber Du wirst auch schon einmal Ziele verfehlt haben. Oder Du hast etwas erreicht, ohne Dir ein Ziel gesetzt zu haben, wie zum Beispiel den Führerschein, regelmäßiges Laufen oder Deinen Schulabschluss. Warum also sollte man sich Ziele setzen, wenn es auch ohne geht? Oder noch viel schlimmer, wenn man scheitert, obwohl man sich ein Ziel gesetzt hat?

Wenn ich in meinen Seminaren die Teilnehmer frage, was aus ihrer Sicht das Wichtigste bei der Zielsetzung ist, dann antworten sie häufig, es müsse messbar sein oder auch terminiert. Daneben antworten sie häufig, das Ziel müsse realistisch sein. So steht es schließlich auch in der klassischen SMART-Formel.

Aber stimmt das wirklich? Ist es das oberste Qualitätsmerkmal eines Ziels, dass es erreichbar ist? Ist es beispielsweise für ein Baby realistisch, irgendwann einmal laufen zu können? »Na klar!« würden viele jetzt auf Anhieb antworten. Schauen wir uns das doch einmal genauer an. Ein Kleinkind fällt jeden Tag zig Male hin, und das ein ganzes Jahr lang. Hunderte, tausende Versuche sind notwendig, bis es laufen kann. Jetzt stell Dir einmal vor, Du setzt Dir ein Ziel und verfolgst es konsequent. Wie oft würdest Du ein Scheitern in Kauf nehmen, bevor Du aufgeben würdest? Zwei Mal? Drei Mal? Vielleicht sogar noch öfter? Aber spätestens nach dem zehnten Mal würden die meisten das gesteckte Ziel als unrealistisch abstempeln. Warum gibt dann das Kind nicht auf? Es hat dieses riesige Ziel, diesen Traum, laufen zu lernen. Es sieht die Menschen um sich herum, wie sie laufen, und sie alle machen dem Kind immer wieder Mut, es noch mal und immer wieder zu versuchen. Schritt für Schritt. Dieser Traum hat eine solche Anziehungs-kraft, dass das Kind die Schmerzen und das Leiden auf dem Weg dorthin gerne in Kauf nimmt.

Als ich mit dem Triathlon begonnen habe, war der Ironman Hawaii für mich in etwa so weit weg wie die Erde vom Mars. Quasi unerreichbar. Aber im Laufe der Zeit hat sich daraus ein solcher Zielmagnet entwickelt, dass ich die täglichen Strapazen im Training auf mich genommen habe und auf diesem Weg auch regelmäßig auf die Schnauze gefallen bin. In meinen Fitness- und Abnehmseminaren waren häufig diejenigen am erfolgreichsten, die sich große Ziele gesteckt hatten, wie zum Beispiel 15, 20 oder sogar 30 Kilo abzunehmen. Schier unmöglich! Aber genau diese gewaltige Zahl führt dazu, dass man vieles in Kauf nimmt. Diejenigen, die sich als Ziel gesetzt hatten, dass 2 Kilo auch ok sind, hatten langfristig selten Erfolg. Wieso sollte man sich für läppische 2 Kilo anstrengen? Warum sollte ich auf die Schokolade heute verzichten? Ab morgen fange ich dann wirklich an! Bei 30 Kilo sieht das schon ganz anders aus.

Selbstverständlich reicht es nicht, sich lediglich ein großes Ziel zu setzen. Es ist aber eine unfassbar wertvolle Erkenntnis, dass wir alle (!) diese Fähigkeit in uns haben, für große Dinge zu kämpfen, denn das gibt uns Mut und Hoffnung, tatsächlich auch durchzuhalten. Ist ein großes Ziel erst einmal anvisiert, ist es sinnvoll, es in kleine Unterziele herunterzubrechen. Am Ende halten acht Glieder die eiserne Kette des Erfolgs zusammen. Ist auch nur ein einziges dieser Glieder deutlich schwächer als alle anderen, wird die Kette reißen, bevor man am Ziel angekommen ist. Jeder besitzt eine solche Kette. Du musst die einzelnen Kettenglieder aber auch härten. Wie das gelingen kann, erfährst Du auf den folgenden Seiten.

»Wenn wir denken, warum denken wir dann nicht
gleich groß?«
(Hermann Scherer)

Zielkette – 8 Schritte bis zum Erfolg

1.   Warum tu ich mir das an?

35 Grad Celsius im nicht vorhandenen Schatten, 85 Prozent Luftfeuchtigkeit, 226 quälende Kilometer und eine Frage: Warum tue ich mir das eigentlich an? Ich kann mich an keinen Triathlon erinnern, bei dem ich mir nicht mindestens einmal diese Frage gestellt hätte. Die Brutalität dieser Sportart ist vermutlich auch der Grund dafür, warum so viele Nicht-Sportler sich nicht erklären können, dass man so etwas freiwillig macht. Doch ob im Triathlon, im Job oder im Privatleben – wir kommen alle immer mal wieder in Situationen, die uns alles abverlangen. In denen wir nicht mehr wirklich daran glauben, dass wir das Ziel tatsächlich erreichen können. Genau dann schießt uns die berühmte Frage durch den Kopf: »Warum tue ich mir das eigentlich an?« Wenn wir in diesem Moment, in dem wir sowieso schon vor Selbstzweifeln strotzen, keine Antwort darauf finden, werden wir mit sehr hoher Wahrscheinlichkeit aufgeben.

Vorbereitung auf den Ironman Hawaii bei 35 Grad

Vor einigen Jahren buchte ein Kunde bei mir im Fitness-Studio ein Pro-
betraining. Christian war Anfang 50, Familienvater, Geschäftsmann und
hatte bereits einen Herzinfarkt hinter sich. Sein Hausarzt hatte ihn zu mir
geschickt mit dem Hinweis, dass er dringend etwas für seine Gesundheit tun
müsse. Nachdem wir mit dem Training fertig waren, fragte ich ihn, wie er
denn jetzt in Zukunft weitermachen und wie oft er trainieren wolle. Darauf
antwortete er mir: »Weißt Du, Florian, ich würde ja gerne zwei Mal in der
Woche trainieren, aber ich arbeite viel und möchte am Abend meine Tochter
noch eine halbe Stunde sehen, bevor sie ins Bett geht. Ich habe einfach keine
Zeit fürs Training.« Anscheinend erst mal ein gutes Argument. Schließlich
wollte er für seine Familie da sein. Wir saßen uns am Tisch gegenüber, und
mir schwirrte eine Frage im Kopf herum. Allerdings war ich mir unsicher,
ob es mir zustünde, ihm diese Frage zu stellen. Andererseits sah ich es als

meine Pflicht an, mein Bestes dafür zu geben, dass er seinem Körper mehr Aufmerksamkeit schenkte. Doch mit der üblichen Leier à la »Du musst etwas für Deine Gesundheit tun«, »Du musst unbedingt abnehmen« und so weiter wäre ich bei ihm sowieso nur auf taube Ohren gestoßen. Also fragte ich ihn: »Christian, mal angenommen, Du gehst zwei Mal in der Woche zum Training und siehst Deine Tochter an diesen Abenden nicht, dafür aber 20 Jahre länger, wie wäre das?«

Ich konnte sehen, wie diese Frage ihn regelrecht wachgerüttelt hat und es in seinem Kopf ratterte. Das Ende vom Lied: Christian kommt seitdem drei bis vier Mal pro Woche zum Training und erfreut sich bester Gesundheit. Aber was hat jetzt auf einmal den berühmt-berüchtigten Schalter im Kopf umgelegt? Was hat ihn auf einmal so getroffen, dass er den Hintern wirklich hochbekommen hat?

Die Ziele von Kunden im Fitness-Studio sind fast immer die gleichen: gesünder werden, abnehmen, Fitness aufbauen, besser aussehen. Wirft man dann einmal einen Blick auf die Statistiken, wie viele ihre Ziele im Fitness-Studio wirklich erreichen, dann kommt man schon sehr ins Grübeln, ob das mit den Zielen wirklich so viel Sinn macht. Gerade mal 20 Prozent aller Kunden erreichen ihre Ziele! Lediglich eine von fünf Personen erreicht das, was sie sich vorgenommen hat. Woran liegt das? Was haben alle der oben genannten Ziele gemeinsam? Die Lösung ist ganz einfach: Die meisten Menschen haben schlicht und ergreifend keinerlei emotionalen Bezug zu ihren Zielen. Wir wollen immer gerne vernünftig und rational handeln, aber leider oder vielleicht sogar zum Glück »funktionieren« wir viel besser mit Emotionen. Wir lernen früh, danach zu fragen, was wir erreichen wollen, in diesem Fall also »gesünder werden«. Als nächstes überlegen wir, was wir dafür tun müssen – uns im Fitness-Studio anmelden. Über das Warum machen wir uns in der Regel allerdings die wenigsten Gedanken, schon gar nicht am Anfang. Das funktioniert dann so lange, bis irgendwann eine schwierige Phase kommt, in der es mal nicht so läuft – und die kommt immer. Wie oft hast Du Dich dann schon gefragt: »Warum tue ich mir das eigentlich an? Warum schinde ich mich hier? Für was? Für wen?« Hattest Du darauf eine Antwort? Und hast Du weitergemacht, obwohl Du keine Antwort geben konntest?

Ein weiteres Beispiel: Nach Abschluss der Schule lautet die erste Frage oft: »Was möchte ich jetzt werden?« Viele entscheiden sich für ein Studium oder eine Ausbildung, jedoch ohne eine Vorstellung davon zu haben, was ihr echter Antrieb ist. Häufig stellen sich diese Menschen dann einige Jahre später im Job die Sinnfrage: »Warum mache ich das hier eigentlich?« Wenn man sich auf diese Fragen innerlich resigniert damit tröstet, dass es bis zur Rente ja nur noch 30 Jahre sind, kann das langfristig ziemlich zermürbend werden. Die Wahrscheinlichkeit, das Handtuch zu werfen oder an der Tätigkeit kaputt zu gehen – Stichwort Burnout –, steigt damit um ein Vielfaches an. Wer sich stattdessen nach der Schule erst einmal fragt: »Was kann ich gut? Was interessiert mich? Und *warum* sollte ich für eine bestimmte Sache jeden Tag in der Früh aufstehen?« und darauf eine gute Antwort findet, für den ist die Entscheidung für einen bestimmten Beruf dann nur noch Formsache. Denn egal, *was* es ist: Wer sein *Warum* kennt, wird die Ausbildung meistern.

Christian, mein Kunde aus dem oben genannten Beispiel, erklärte mir das einige Monate später einmal so: »Wenn ich früher am Samstagnachmittag faul und bequem auf der Couch gelegen bin und eigentlich Training auf dem Plan stand, hat mich das nicht sonderlich motiviert, wenn ich mir gesagt habe, dass ich jetzt eigentlich etwas für meine Gesundheit tun müsste. Das Ziel, 10 Kilo abzunehmen, das mir noch dazu mein Arzt vorgegeben hat, hat mich emotional absolut kalt gelassen. Ich hatte einfach keinen Bezug dazu. Ich habe keinen Sinn darin gesehen. Wenn ich heute auf der Couch liege und mir die Frage stelle, warum ich jetzt aufstehen und zum Training gehen sollte, dann habe ich darauf eine ganz klare Antwort: Ich möchte meine Kinder 20 Jahre länger sehen! Dieses Ziel ist für mich wie ein Magnet. Ich sehe Sinn darin, das zu tun, was ich tue.«

Ein anderes Beispiel aus der Kategorie »Beginne mit dem Warum« war für mich vor einigen Jahren eine junge Frau, Mitte 20, in einem meiner Abnehmkurse. Christine hatte etwa 20 Kilo Übergewicht und wollte abnehmen. Auf meine Frage, warum sie denn 20 Kilo loswerden wolle, antwortete sie mir leise und zurückhaltend: »Ich möchte einfach nur abnehmen und fitter werden.« Merkst Du etwas? Kein Mensch nimmt einfach nur so 20 Kilo ab, weil er Spaß daran hat! Nachdem die ersten beiden Wochen vorbei waren und meine Teilnehmer etwas Zeit hatten, über ihr Warum nachzu-denken, fragte ich nochmals in die Runde: »Warum wollt ihr das tun, was ihr tun wollt?« Als Christine an der Reihe war, antwortete sie zuerst wieder nur: »Ich möchte weniger wiegen.« Ich fragte nach: »Warum?« »Weil ich mich dann fitter fühle.« »Warum?« »Weil dann mein Alltag einfacher wird.« »Warum möchtest Du, dass Dein Alltag einfacher wird?« »Weil ich dann mehr Spaß habe.« »Warum hast Du dann mehr Spaß?« Christine wurde von Frage zu Frage unruhiger und genervter. Bis sie dann auf einmal mit energischer, aber tränenerstickter Stimme schrie: »Ich habe einfach keinen Bock mehr, dass die Leute hinter meinem Rücken sagen: Schaut sie euch an, die fette Sau. Die bekommt eh nix auf die Reihe!« Bäm! Das war ein Warum! Das war ihr ganz ureigenes Warum, das sie dazu brachte, endlich in die Gänge zu kommen! War es hart, das mit Christine vor der ganzen Gruppe zu machen? Ja, in der Tat, das war es, aber es war bei Weitem nicht so schlimm wie die Demütigungen, die sie sich jeden Tag wieder aufs Neue anhören musste. Ganz im Gegenteil, nachdem sie es endlich rausgelassen hatte, merkten wir alle, wie auf einmal der ganze Druck von ihr abfiel. Wir brauchen Extremsituationen, die uns wachrütteln. So lange alles im gewohnten Muster abläuft, wird im Hirn keine Veränderung stattfinden.

Mir selbst wurde vor einigen Jahren bei einem Coaching vor 80 Teilnehmern die Frage gestellt: »Florian, warum möchtest Du auf der Bühne Vorträge halten?« Mir ging es ähnlich wie Christine. Ich habe dem Coach zehn Mal eine Antwort auf die Frage nach dem »Warum« gegeben, so lange, bis ich fast den Raum verlassen habe, so genervt war ich. Innerlich kochte ich und dachte: »Was willst Du eigentlich von mir?« Gleichzeitig merkte ich aber auch, dass ich ihm kein einziges Mal eine echte Antwort gegeben hatte. Es hat Monate gedauert, bis ich wirklich auf mein Warum gekommen bin. Nein, ich möchte nicht auf die Bühne, weil es mir einfach nur Spaß macht oder weil ich die Leute unterhalten möchte. Auch nicht, weil ich gerne vor Leuten spreche. Mein Warum ist ganz ein anderes: Ich möchte am Abend mit dem Wissen zu Bett gehen, dass ich mit meinem Vortrag an diesem Tag mindestens einer Person Hoffnung und Mut gemacht habe, sich auf die Reise zu ihrer wahren Stärke zu machen – und ihr geholfen habe, herauszufinden, dass sie mehr kann, als sie glaubt. Das gibt mir inneren Frieden.

Mein Warum: Menschen ein Strahlen ins Gesicht zaubern

Wenn Du erst einmal weißt, warum Du etwas tust, dann ergibt sich das Was und Wie von selbst. Ein Feuerwehrmann, der ein Kind aus einem brennenden Haus rettet, sieht dankbare Eltern. Ein Redner, der sein Publikum verzaubert, sieht strahlende Gesichter, und eine Ärztin, die keine Krankheiten, sondern Menschen behandelt, sieht Hoffnung. Sie alle kennen ihr Warum und darum gehen sie am Abend mit dem Gefühl zu Bett: »Ja, was ich heute getan habe, war richtig.«

»Wer ein Warum zum Leben hat, der erträgt fast jedes
Wie.« (Friedrich Nietzsche)

---

2. Begeisterung – Werde wieder zum Kind

Bestimmt hattest Du auch Fächer in der Schule, in denen Du nie wirklich gute Noten geschrieben hast, obwohl Du viel gelernt hast? Andererseits gab es sicher auch andere Fächer, in denen das Gelernte auf Anhieb im Gedächtnis verankert blieb. Wieso können wir uns bestimmte Sachen so gut merken, und wieso wollen andere einfach nicht im Kopf bleiben? Wieso verfliegt bei manchen Tätigkeiten geradezu die Zeit, während sie bei anderen stillzustehen scheint? Das liegt einfach daran, dass unser Hirn am leistungsfähigsten ist, wenn wir begeistert sind.

Ein Kleinkind lernt beispielsweise fast ausschließlich über dieses Begeisterungssystem. Ist es von einer Sache begeistert, wird im Hirn in der entsprechenden Region eine Substanz freigesetzt, die das Gelernte verankert. Im Laufe der Jahre nimmt diese Art des Lernens deutlich ab. Hat ein kleines Kind täglich 4 bis 50 solcher Begeisterungsstürme, erleben die meisten Erwachsenen meist nur noch ein laues Lüftchen. Am besten lernt und arbeitet unser Gehirn übrigens unter bestimmten Rahmenbedingungen, wie Spiel, Bewegung, Kunst und Musik. So überrascht es nicht, dass in Eliteschulen die drei wichtigsten Fächer Sport, Kunst und Musik bilden, während in »normalen« Schulen sehr oft noch immer mittels der klassischen Methode »stillsitzen und Mund halten« unterrichtet wird. Doch wenn es eine Sache gibt, die Gift für Kreativität und Fantasie ist, dann ist es das stupide und stundenlange Stillsitzen am Schreibtisch. Dass gerade Kunst, Sport oder Musik meist diejenigen Fächer sind, die als Erstes gestrichen werden, wenn Zeit oder Geld knapp werden, ist bezeichnend für unsere Einstellung zu diesem Thema. Dabei ist es doch nicht genetisch vorgegeben, dass wir unsere kindliche Begeisterungsfähigkeit verlieren – sondern wir sind davon überzeugt, irgendwann erwachsen werden zu müssen, und als Erwachsener hat man gefälligst zu arbeiten! Da hat Begeisterung, wenn überhaupt, nur noch am Rande Platz.

Welchen Einfluss Bewegung nicht nur auf die körperliche, sondern vor allem auf die kognitive Entwicklung von Kindern hat, zeigt eine Studie aus dem Jahr 1993. In diesem Projekt wurde in einer Grundschul-Klasse eine tägliche Stunde Sport eingeführt. Das Projekt war auf eine Dauer von 4 Jahren ausgelegt. Als Kontrollgruppe diente dabei eine Referenzklasse, die ganz normalen Unterricht bekam. Schon während der Dauer der Studie stellte sich heraus, dass die tägliche Stunde Sport enormen Einfluss auf die Koordinationsfähigkeit, Kraft und Ausdauer der Schüler hatte. Dabei fiel auf, dass insbesondere die Schüler, die beim Anfangstest am schlechtesten abgeschnitten hatten, die größten Fortschritte machten. Allein diese Tatsache zeigt, dass die Aussage »Mein Kind ist einfach unsportlich« so nicht stimmt. Aber nicht nur der gesundheitliche Effekt war enorm, sondern auch das Arbeits- und Sozialverhalten änderte sich dramatisch. Die Aggressionen der Schüler gingen deutlich zurück, zu handgreiflichen Auseinandersetzungen kam es gar nicht mehr, und das Schulklima verbesserte sich deutlich. Nun fragst Du Dich vermutlich: »Woher haben die die Zeit für den Sportunterricht genommen?« Die Sportstunde wurde nicht etwa zusätzlich an den Stundenplan gehängt, sondern andere Fächer wurden stattdessen gekürzt. Würde das nicht bedeuten, dass diese Schüler im Vergleich zu den anderen, die pro Woche somit fünf Stunden mehr theoretischen Unterricht hatten, zurückbleiben würden? Jetzt wird es richtig spannend, denn – Du ahnst es bereits – das Gegenteil war der Fall. Einige Schüler schnitten im Vergleich zu anderen Schülern, die beispielsweise mehr Deutsch- oder Matheunterricht erhalten hatten, sogar besser ab! Weniger Unterricht also bei besseren Leistungen. Aus neurowissenschaftlicher Sicht ist dieses Ergebnis nicht wirklich verwunderlich. Sportliche Betätigung erhöht nicht nur die Aufnahmebereitschaft für Informationen, sondern trägt vor allem maßgeblich zur kognitiven Entwicklung bei, weil neue Verschaltungen im Gehirn entstehen. Daher bringt Bewegung nicht nur einen massiven gesundheitlichen Mehrwert, sondern trägt auch noch zur Persönlichkeitsentwicklung bei, was als wesentlich wertvoller anzusehen ist als das sinnlose Auswendiglernen von Formeln und Vokabeln. Seit einigen Jahren wächst auch bei den Führungskräften in großen Konzernen das Verständnis dafür, wie sie das Potenzial ihrer Mitarbeiter nutzen können. Vereinfacht gesagt, machen sie ihre Mitarbeiter wieder zu Kindern. So gleicht der Arbeitsplatz bei Google eher einem Spielplatz, auf dem sich erwachsene Menschen austoben können. Zudem erlaubt die 20-Prozent-Regel den Mitarbeitern, sich ein Fünftel ihrer Arbeitszeit eigenen Projekten zu widmen und an neuen Ideen zu feilen. Auf diese Weise entstanden Milliardenprojekte wie beispielsweise GoogleNews oder GoogleMaps. Wenn Du Dir einmal einen Überblick über das Arbeitsumfeld bei Google machen möchtest, kannst Du das unter folgendem Link tun:

https://www.youtube.com/watch?v=W4Glzoslt1w (Video Google Arbeitsplatz)

Leider haben vor allem in Deutschland viele Menschen die Sorge, dass sie nicht produktiv genug arbeiten. Nicht selten versuchen sie dann mit vielen Überstunden, die Produktivität zu steigern, indem sie ununterbrochen am Schreibtisch sitzen. Zwar spüren wir durchaus, dass wir nach fünf Stunden Kopfarbeit jeden Satz zweimal lesen müssen und unsere Auffassungsgabe deutlich abnimmt. Dennoch glauben wir, wir müssten das »jetzt durchziehen«. Ob wir nun allerdings acht statt sechs Stunden am Arbeitsplatz sitzen, hat auf die Produktivität leider keinen Einfluss. Ganz im Gegenteil: Meistens leidet sie sogar darunter.

Vielleicht hast Du das selbst auch schon einmal erlebt: Du musstest etwas erledigen und hattest dafür nur sehr wenig Zeit. Am Anfang dachtest Du vermutlich, dass sei nie zu schaffen, aber irgendwie hat es trotzdem funktioniert. In der Psychologie nennt man dieses Phänomen »Parkinson-Prinzip«. Du benötigst für eine Aufgabe genauso lange, wie Du dafür Zeit hast. Hier zeigt sich wieder einmal, wie ökonomisch unser Gehirn arbeitet: Sobald wir eine Aufgabe gestellt bekommen, kalkuliert unser Gehirn vom Ziel rückwärts und errechnet somit unterbewusst, wie schnell wir arbeiten müssen. Ähnlich funktioniert es beim Laufen. Wenn ich Dir die Aufgabe stelle: »Lauf 100 Meter, so schnell Du kannst«, dann wirst Du vermutlich gleich lossprinten, weil Dein Gehirn weiß, dass das keine große Distanz ist. Wenn ich Dich hingegen dazu auffordere, 42 Kilometer so schnell wie möglich zu laufen, wirst Du vermutlich sagen: »Mach doch selbst. Ich bin doch nicht bescheuert.« Nehmen wir aber spaßeshalber einmal an, Du müsstest den Marathon laufen – dann kann Dein Hirn abschätzen, wie schnell Du loslaufen musst, damit Du tatsächlich ans Ziel kommst.

Der Chef einer amerikanischen Firma, Stephan Aarstol, trieb es mit dieser Herangehensweise auf die Spitze und führte den Fünf-Stunden-Arbeitstag ein. Doch damit nicht genug: Zusätzlich führte er eine Gewinnbeteiligung ein, so dass sich der Stundenlohn der Mitarbeiter fast verdoppelte – und das bei geringerer Arbeitszeit. Entgegen der Meinung vieler Kritiker verschlechterte sich die Produktivität im Unternehmen nicht. Ganz im Gegenteil, die Firma erwirtschaftete 40 Prozent mehr Umsatz als zuvor. Die einzige Bedingung: Der Chef erwartet von seinen Mitarbeitern in diesen fünf Stunden absoluten Fokus. Regelmäßige gemeinsame Partys, Ausflüge oder Reisen helfen zusätzlich dabei, das »Feuer auch weiterhin am Brennen zu halten«. Hier werden Begeisterung und Effizienz tatsächlich großgeschrieben! Wer ein wenig über den Tellerrand hinausblickt und die konservative Brille abnimmt, erkennt schnell, dass Begeisterungsfähigkeit für alle Menschen, egal welcher Altersgruppe, von ganz entscheidender Bedeutung ist, um das eigene Potenzial zu entwickeln. Sowohl Kinder als auch Erwachsene zeigen unter Begeisterung nicht nur ihre besten Leistungen, sondern sie bringen vor allem ihre Stärken zum Leuchten. Wenn Du in Zukunft an kreativen Projekten arbeitest, dann sorge dafür, dass Dein Hirn den richtigen Input bekommt. Mit den folgenden fünf Tipps kannst Du Deine Arbeitszeit nicht nur mit Begeisterung, sondern gleichzeitig effektiv nutzen:

»Begeisterungsfähigkeit ist die bestbezahlte Fähigkeit der Welt.« (Frank Bettger)

---

1. Bringe Dich in die richtige Stimmung für Dein Projekt, z. B. durch Musik oder Sport.

2. Schalte während der Arbeitszeit möglichst alle Störfaktoren aus, also Handy, Facebook oder Dein Mailprogramm.

3. Lege regelmäßig Mikro-Pausen von zwei bis drei Minuten ein, in denen Du aufstehst und etwas komplett anderes machst – aber das Handy bleibt aus!

4. Mache nach drei bis vier Stunden eine längere Pause von 40 bis 60 Minuten, in der Du etwas isst und Dich möglichst an der frischen Luft bewegst.

5. Beende einen anstrengenden Tag mit einer Sport-/Bewegungseinheit.

3. Klarheit – Rieche das Ziel

Eine meiner Coaching-Klientinnen erzählte mir von ihrem großen Traum, 30 Kilo abzunehmen. Auf meine Fragen hin, wie sie sich das genau vorstellt – Wie fühlt sie sich dann? Was macht sie anders? Was ändert sich? – meinte sie nur: »Keine Ahnung. Halt einfach 30 Kilo leichter.« Wie soll der Kopf in eine Richtung navigieren, wenn das Ziel nicht zu hundert Prozent klar ist? Viele Menschen haben große Träume, aber keine Vorstellung davon, wie diese konkret aussehen sollen. Viele wünschen sich mehr Geld. Aber was würde sich ändern, wenn sie das Geld hätten? Wie würden sie leben? Was wir im Leben erreichen, war zu Beginn nur ein kleiner Gedanke im Kopf.

Als ich im September 2016 auf Big Island angekommen war, blieben noch gut fünf Wochen bis zum Start des Ironman Hawaii. Ich erinnere mich daran, wie ich bei der ersten Radausfahrt in der kleinen Stadt Kailua Kona stand, dort, wo Start- und Ziellinie des Wettkampfs sind. Ich stand dort und blickte auf die Straßenschilder. »Alii Drive«, »Queen Ka'hamanu Highway«, »Palani Road«. Triathleten werden wissen, wovon ich spreche. Für sie sind diese Namen heilig. Ich stand einfach nur da und hatte irgendwie das Gefühl: »Moment mal, das hast Du doch alles schon einmal gesehen?« Das konnte nicht wirklich sein, denn ich war zum ersten Mal in meinem Leben auf Hawaii. Natürlich hatte ich die Bilder im Fernsehen schon öfters gesehen, aber was viel entscheidender war: In all den Jahren habe ich mir immer und immer wieder vorgestellt, wie es dort sein würde. Ich habe mir vorgestellt, wie das Salzwasser im Pazifik schmecken würde. Ich habe mir vorgestellt, wie sich der Startschuss wohl anhören würde. Ich habe mir vorgestellt, wie die Sonne auf dem Highway auf der Haut brennen würde. Ich habe mir vorgestellt, wie es wohl sein würde, 42 einsame Kilometer auf dem Highway zu laufen. Ich habe es mir immer und immer wieder vorgestellt. Bei Laufeinheiten, bei denen es mir nicht so gut ging, habe ich sogar öfter mal die Hände hochgerissen und so getan, als würde ich die letzten Meter über die Ziellinie laufen. Zum Glück hat mich dabei nie jemand gesehen, denn sonst hätte man mich vermutlich eingeliefert. Über die Jahre wurde durch die ständige Vorstellung aus dem unrealistischen Traum ein immer klareres Ziel. Irgendwann war ich felsenfest davon überzeugt, dass ich es nach Hawaii schaffen würde. Meine Vorstellungen waren glasklar. Ein Scheitern habe ich nicht einmal in Erwägung gezogen.

Wenn Du Dir ein großes Ziel setzt, dann male Dir im Kopf aus, wie es sein wird, wenn Du es erreichst, und zwar mit allen Sinnen. Was siehst Du? Was hörst Du? Was fühlst Du? Was riechst Du? Was schmeckst Du? Wenn Du das immer und immer wieder machst, wirst Du merken, wie Dein Ziel Dich förmlich anzieht. Ohne diese Klarheit wirst Du im Ozean der Hoffnung umhertreiben, ohne zu wissen, an welches Ufer Du denn gerne schwimmen möchtest.

4. Disziplin – »Du schaffst es« alleine reicht nicht

Nachdem ich Europameister geworden war, kamen viele Menschen zu mir und gratulierten mir. Sie hatten meinen Erfolg gesehen, aber die tausenden Stunden, in denen ich mich alleine bei Schnee, Regen oder Hitze gequält habe, hatten die meisten dabei nicht im Blick. Wie oft wurde ich ausgelacht, wenn ich auf die Frage, ob ich am Wochenende weggehen möchte, dankend abgelehnt habe? »Ach, komm schon, ein Glas geht doch.« »Nur heute.« Der Ironman-Weltmeister und Triathlon-Olympiasieger Jan Frodeno hat es einmal ziemlich treffend auf den Punkt gebracht: »Ich lebe für die Tage, an denen mich niemand sieht.«

In der klassischen Tschakka-Motivation wird gerne behauptet, dass man alles haben kann, wenn man nur möchte. Man muss einfach nur fest daran glauben. So wird uns das Gefühl vermittelt, dass sich Ziele ohne große

Anstrengungen quasi von alleine erreichen lassen. Den Gipfel praktisch schon vor Augen, wird dabei aber häufig das Wichtigste übersehen: der Berg. Logischerweise brauchen wir dafür einen Plan und die richtigen Werkzeuge. Aber wenn wir die zur Verfügung haben, um an unseren Zielen zu arbeiten, dann müssen wir sie auch benutzen – und dafür ist eine Menge Disziplin notwendig. Die meisten Menschen finden das Wort Disziplin ungefähr so sexy wie das Wort Finanzamt. Aber Disziplin an sich ist erst einmal nichts Negatives. Negativ wird es erst dann, wenn wir uns für eine Sache disziplinieren müssen, die wir hassen oder von der wir eigentlich erwartet hatten, dass sie sich ganz leicht erreichen lässt. Machen wir uns hingegen klar, dass es Kraft und Überwindung kostet, ein Ziel zu erreichen, führt das zu einer realistischen Erwartungshaltung. Und die trägt wiederum dazu bei, dass wir schwierige Momente mental besser durchstehen. Alles im Leben steht und fällt mit unseren Erwartungen. Nichts ist schlimmer, als sich auf eine Sonntagnachmittagswanderung einzustellen, um dann in der Realität feststellen zu müssen, dass es sich um eine Mount-Everest-Expedition handelt. Ob ein Ironman-Sieg, 30 Kilo abnehmen oder ein Buchprojekt: Das sind alles große Ziele. Doch das Ergebnis, das danach alle sehen und bewundern, ist nur die Spitze des Eisbergs. Der Großteil des Berges, also das, was die meisten nie zu Gesicht bekommen, liegt unter Wasser. Harte Arbeit, Mut, Risiko, Zweifel, Rückschläge, Opfer, Ausdauer – und daneben auch all die positiven Elemente, wie Leidenschaft, Freude, Spaß, Lichtmomente und die Sonne auf der Haut.

Du steigerst also Deine Erfolgschance erheblich, wenn Du Dir bereits vor dem Startschuss Deiner Reise zum Ziel bewusst wirst, dass es Höhen und Tiefen geben wird und dass Du eine Menge Disziplin benötigen wirst. Damit wirst Du Dein Ziel aber eher erreichen, als wenn Du Dich blauäugig auf die Reise machst.

Höhen, aber vor allem auch Tiefen gehören dazu

5. Commitment – Schmerz ist Dein Freund

Ich werde häufig gefragt, was das Wichtigste ist, um sein Potenzial zur Entfaltung zu bringen und seine Ziele zu erreichen. Vermutlich gibt es darauf nicht die eine Antwort, die für alle gleich funktioniert. Aus meiner Sicht ist allerdings eine Sache elementar: Commitment. Bis heute tue ich mich schwer damit, den Europameister-Titel oder das Hawaii-Finish als außergewöhnliche Leistung zu sehen. Denn ich hatte weder großes Talent noch die perfekten körperlichen Voraussetzungen. Aber um mir diesen Traum zu verwirklichen, habe ich mich voll und ganz dazu commited. Viele Menschen, die scheinbar Außergewöhnliches vollbringen, haben nicht zwangsläufig besonders viel Talent. Aber sie sind bereit, den Preis dafür zu zahlen, um ihr Ziel zu erreichen. Als Jugendlicher hatte ich keine Ahnung, was Commitment bedeutet, aber mein damaliger Handball-Trainer hat mich das tatsächlich spüren lassen – und dafür habe ich ihn oft genug gehasst. Rückblickend kann ich aber sagen, dass das zu den wichtigsten und wertvollsten Lektionen meines bisherigen Lebens zählt. Wenn Du etwas haben möchtest, dann sei bereit, dafür den Preis zu bezahlen. Es innerhalb von sieben Jahren bis zum Europameister zu bringen, ist mir nicht gelungen, weil ich besonders viel Glück gehabt hätte. Sondern ich hatte gelernt, nicht gleich alles hinzuschmeißen, wenn es mal nicht so lief. Ich hatte gelernt, um 6 Uhr aus dem warmen Bett zu kriechen, um bei Dunkelheit und Schneeregen zu trainieren. Ich hatte gelernt, weiterzulaufen, obwohl bereits jede Faser in meinem Körper schmerzte.

Der Radi, mein ehemaliger Handballtrainer, sagte immer: »Flo, Schmerz ist Dein Freund.« Den Satz habe ich lange nicht verstanden, aber spätestens beim Ironman habe ich es dann kapiert. Den Kampf gegen den Schmerz wird man nie gewinnen, also kämpft man mit ihm. Sobald im Rennen der Schmerz kam, habe ich mit ihm geredet wie mit einem realen Freund. »Hey Schmerz, da bist Du ja. Ich hab Dich schon vermisst. Jetzt ziehen wir das Ding hier durch!« Manche mag das erstaunen, aber einen Ironman gewinnt nicht der Fitteste. Wer es schafft, den Schmerz am längsten auszuhalten, hat am Ende die Nase vorn. Im Leben wird manchmal ziemlich viel Dreck auf uns geworfen, und dann wäre es doch hilfreich, darauf vorbereitet zu sein und zu wissen, wie man mit Leiden und Schmerzen umgeht, damit man nicht wie ein Keks zerbröselt. Diese Ressourcen bilden wir jedoch nicht aus, indem wir Stress, Leiden und Schmerzen aus dem Weg gehen, sondern indem wir uns dem regelmäßig aussetzen.

Ironman 70.3 Schweiz 2016 – Ohne Schmerz geht es nicht ©FinisherPix.com

Nach einem meiner Vorträge sagte mir eine Zuhörerin einmal etwas, das mich sehr berührte: »Florian, Du bist kein Ironman geworden, nur weil Du ein super Sportler bist, sondern weil Du als Kind nicht zerbrochen bist.« Ich habe tatsächlich schon früh verstanden, was es bedeutet, für etwas zu kämpfen und dabei Leid und Schmerz zu ertragen, und das hat mir im Sport später sehr viel mehr zum Erfolg verholfen als allein das viele Training. Kam es bei Wettkämpfen hin und wieder einmal zu einem engen Rennen mit einem Konkurrenten, konnte ich mich fast immer auf meine mentale Stärke verlassen. Ich war bereit zu leiden, und das war entscheidend, denn ein Kopf-an-Kopf-Rennen gewinnt man nicht mit den Beinen, sondern mit dem Kopf. Leid und Schmerz sind keine Feinde. Sie helfen uns, unsere wahre Stärke zu erkennen. Viele glauben, dass sie nicht besonders stark sind, bis sie in eine Situation geraten, in der sie gar nicht anders können als stark zu sein. Dann erleben sie auf einmal: Sie können mehr, als sie glauben.

Leider gibt es immer wieder Menschen, die einem den Instant-Erfolg versprechen, ohne große Mühe und ohne Aufwand, und das hält bei vielen die Illusion aufrecht, man könne große Ziele erreichen, auch ohne dass man dafür in irgendeiner Form einen Preis zahlen müsste. Aber wenn ich beim Ironman auf Hawaii starten will, dann muss ich mir dafür jeden Tag im Training den Allerwertesten aufreißen. Wenn ich abnehmen möchte, dann muss ich konsequent und auf Dauer meine Lebensgewohnheiten ändern. Und wenn ich eine funktionierende Beziehung führen möchte, ob zu Freunden oder dem Partner, dann muss ich bereit sein, dafür die Höhen, aber vor allem auch die Tiefen zu ertragen. Ich muss bereit sein, auch dann noch zu kämpfen, wenn die Stimmung, in der ich mich dafür entschieden habe, längst verflogen ist. Das bedeutet für mich Commitment.

6. Leidenschaft – Leuchtende Augen

Ich kann mich noch gut an meinen ersten Tag an der Uni erinnern. Ich absolvierte damals ein duales Studium, arbeitete also Vollzeit und tat nebenbei so, als würde ich studieren. Damals in der Vorlesung sagte der Professor als Erstes ungefähr Folgendes: »Liebe Studenten, wenn Ihr in der Früh zur Arbeit fahrt, dann bleibt kurz im Auto sitzen, schaut in den Rückspiegel und denkt darüber nach, ob Ihr mit diesen Augen heute jemanden begeistern könnt. Wenn nicht, fahrt nochmal um den Block, schaut nochmal nach, und wenn Ihr immer noch nicht aufrichtig nicken könnt, dann packt Eure Sachen und fahrt wieder heim. Verpflichtet Euch dazu, den besten Job zu machen, den Ihr an diesem Tag machen könnt.«

Zwei Wochen später bei der Arbeit, damals im Fitness-Studio, kam der Chef auf mich zu und fragte mich: »Flo, wir haben heute zu wenig Mitarbeiter zum Mitgliedschaften verkaufen. Magst Du aushelfen?« »Klar, natürlich!«, antwortete ich. Im selben Moment wurde mir allerdings klar, dass ich erst seit zwei Wochen studierte, keine Ahnung von Gesundheitssport hatte oder wie die Geräte funktionierten, und ich wusste noch nicht mal, wieviel die Mitgliedschaft kostete. Was sollte ich da eigentlich verkaufen? Aber irgendwie kamen mir da die Worte von meinem Professor wieder in den Sinn: »Verpflichte Dich dazu, den besten Job zu machen, den Du machen kannst.« Tatsächlich hat das sogar ganz gut funktioniert, und zwar so gut, dass ich auch in den Folgewochen verkaufen durfte. Irgendwann dachte ich mir dann: »Mensch! Das ist ja megapraktisch. Du musst nix wissen, aber kannst es trotzdem verkaufen.« Warum das funktioniert hat, liegt aber einfach daran, dass es dem Interessenten vollkommen egal ist, was Gesundheitssport ist. Er braucht keinen Moralapostel, der ihm das nochmal erklärt. Es ist ihm auch egal, wie genau die Geräte funktionieren. Das kann er sich notfalls auf einem Youtube-Video anschauen. Und meistens ist es ihm sogar egal, wieviel die Mitgliedschaft kostet, denn das weiß er oft schon vorher. Was ihn wirklich interessiert, sind drei Fragen: »Will ich hier meine Freizeit verbringen? Kann ich hier meine Ziele erreichen? Und kann ich dem Mitarbeiter hier vertrauen?« Ich hatte kein Fachwissen. Null. Gar nichts. Aber ich war zu 100 Prozent von meinem Job überzeugt – und genau das möchte der Kunde spüren!

Irgendwann fragte mich dann mal ein Arbeitskollege: »Sag mal, Flo, was machst Du eigentlich immer auf dem Klo, bevor Du Mitgliedschaften verkaufst? Bist Du aufgeregt, oder was ist los?« Ich entgegnete ihm: »Ganz einfach. Ich nehme mir einen Stift, klemme ihn mir zwischen die Zähne und schaue mich eine Minute im Spiegel an. Das bringt mich einfach in eine gute Stimmung. Ich schaue mir in die Augen, und dann gehe ich raus, gebe dem Kunden die Hand und weiß, ich habe gewonnen.«

Verpflichte Dich dazu, den besten Job zu machen, den Du an diesem Tag machen kannst. Du bist es nicht nur Deinem Kunden schuldig, sondern vor allem Dir selbst. Dann gehst Du am Ende des Tages nämlich nicht mit dem Gefühl nach Hause, dass Du den Tag einfach irgendwie überstanden hast, sondern Du weißt, dass Du das Beste daraus gemacht hast. Auch wenn es nur ein winziger Schritt nach vorne war, es war ein Schritt. Geh jeden Abend ein klein bisschen besser ins Bett, als Du aufgestanden bist, und Du wirst irgendwann der Beste sein.

7.   Fokus – Der richtige Lichtkegel ist entscheidend

Mit dem Wort Leistung assoziieren die meisten Menschen Begriffe wie Erfolg oder Gewinnen. Tatsächlich leben wir in einer absoluten Leistungsgesellschaft. Siege und große Leistungen werden honoriert, und bereits in der Schule wird den Kindern beigebracht, dass gute Noten der Schlüssel für ein erfolgreiches Leben sind. Wir versuchen, alles immer weiter zu optimieren, um Erfolg zu haben. Alles dreht sich nur noch um Erfolg. Man hat das Gefühl, dass an jeder Ecke erfolgreiche Menschen zu finden sind. Vielleicht sollten wir uns einfach öfter mal bewusst machen, dass die Erde rund ist. Das relativiert vieles. Seine Ziele zu erreichen ist das eine, dabei nicht kaputtzugehen, das andere.

Auch für mich gab es lange Zeit nur eines: Siegen! 2013 suchte ich einen guten Freund und Sportpsychologen auf. Ich wollte noch besser werden. Ich wollte nicht nur körperlich, sondern vor allem mental absolut alles aus mir herausholen, und dabei sollte er mich unterstützen. Aber anstatt mir sportpsychologische Hilfestellung zu geben, stellte er mir eine Frage: »Flo, was bist Du eigentlich ohne Deinen Sport?« »Was für eine bescheuerte Frage!«, dachte ich mir. Ich wollte besser werden und nicht über mich selbst nachdenken. Sport war für mich immer alles. 110 Prozent Fokus. Keine Freunde. Kein

Ausgehen. Keinen Alkohol. Von früh bis spät alles auf den Sport und den Erfolg ausgerichtet. Richtig schön egoistisch und asozial.

Was ich bis zu diesem Zeitpunkt nicht realisiert hatte, war die Tatsache, dass ich nur auf einer einzigen Säule stand. Solange man in diesem Hamsterrad drin ist, verhindern die Scheuklappen, dass man auch mal einen Blick nach links oder rechts wirft. Irgendwann erreichte ich dann das, wofür ich so hart gekämpft hatte. Ich stand ganz oben auf dem Siegerpodest. Der Moment, für den ich jeden Tag gekämpft hatte. Der Moment, für den ich so viele Opfer gebracht hatte. Die Leute jubelten mir zu. Ich war der gefeierte Held. Ich dachte, ich hätte es geschafft. Ich quoll geradezu über vor Endorphinen. Ich spürte, wie sich Erfolg anfühlt.

Ein paar Stunden später saß ich im Hotelzimmer auf dem Bett, mit einer bescheuerten Medaille in der Hand, und fühlte mich einfach nur alleine. Draußen der gefeierte Held, daheim ein einsames Würschtel.

Zu viel Fokus macht einsam

Wie oft kommt es vor, dass wir mit voller Energie unsere Ziele verfolgen und dabei die Gesundheit auf der Strecke bleibt? Wie oft passiert es, dass wir bis zum Umfallen für eine Sache kämpfen und dabei die Menschen, die uns am wichtigsten sind, aus den Augen verlieren? Und wie oft laufen wir alleine los, um schneller ans Ziel zu kommen, um dort dann festzustellen, dass keiner mehr da ist, mit dem wir unseren Erfolg teilen können? Wir balancieren auf einer einzigen Säule im Leben und empfinden das Wackeln als Spezialeffekt. Irgendwann sehen wir dann ein Licht am Ende des Tunnels, und uns wird mit maximaler Brutalität klar, dass es der Zug ist. Wir gehen mit einer Taschenlampe durch das Dunkel und bündeln das Licht unserer Lampe auf einen einzigen Punkt. Dadurch sehen wir unser Ziel schon aus großer Entfernung und ja, wir werden so mit Sicherheit schneller ans Ziel kommen, weil wir absolut fokussiert sind. Gleichzeitig übersehen wir aber auch all die anderen Dinge, die wir wahrgenommen hätten, wenn wir unsere Lampe auf einen breiten Lichtkegel eingestellt hätten. All die Dinge, die das Leben erst so richtig wertvoll machen: Familie, Freunde, Abenteuer. Dinge, die viele Menschen, und da nehme ich mich nicht aus, oftmals ausblenden, um möglichst schnell »Erfolg« zu haben.

Aber was habe ich davon, wenn ich als Erster am Ziel bin und meine Freude nicht teilen kann, weil ich dort mutterseelenallein stehe? Es stimmt: Um richtig erfolgreich zu sein und um weiter zu kommen als andere, muss man seine Kräfte und seine Energie bündeln und fokussieren. Aber wenn man schon mit 300 Sachen auf der Straße unterwegs ist, dann braucht man mindestens einen Airbag. Baue ich mein ganzen Leben nur auf einer Säule auf, wie es in meinem Fall der Sport war, dann brauche ich mich nicht zu wundern, wenn ich irgendwann im wahrsten Sinne auf dem Boden liege. Daher gilt für mich ein Mensch schon lange nicht mehr nur dann als erfolgreich, wenn er Weltmeister ist oder ein großes Unternehmen leitet, sondern wenn er ein selbstbestimmtes Leben führt, das auf mehreren Säulen steht. Wenn er also die Kunst beherrscht, den Lichtkegel seiner Lampe eng zu machen, wenn es um Fokus geht, und ihn wieder weit zu machen, wenn es die Situation erlaubt. Denn Erfolg auf einer einzigen Säule ist gleichbedeutend mit Misserfolg.

8. Willenskraft – Sieger duschen kalt

Ironman 70.3 Europameisterschaft 2016 –
Willenskraft zahlt sich aus ©FinisherPix.com

Wenn es eine Eigenschaft gibt, die man einem Triathleten zuschreibt, dann ist es die Willenskraft. Wer ein Ironman sein möchte, der muss, wie der Name schon sagt, einen eisernen Willen besitzen. Doch woher bekommt man diese Willensstärke? Ist sie angeboren? Kann man sie sich antrainieren oder sie gar wieder verlieren? Als ich mich 2016 aus dem Profisport zurückzog, hatte ich über viele Jahre hinweg einen schier unbeugsamen Willen ausgebildet. Ich hatte meine Komfortzone täglich verlassen, und auch außerhalb des Sports ohne mit der Wimper zu zucken, jede Herausforderung angenommen. Die ersten Wochen und Monate nach meinem Karriereende genoss ich sehr und freute mich insgeheim darüber, mich endlich nie wieder so quälen zu müssen. Die Monate vergingen, und ich machte eine erstaunliche Beobachtung. Immer mehr Dinge fielen mir plötzlich schwer. Was ich mir vorher problemlos zugetraut hatte, kostete mich nun immer mehr Überwindung. Am Anfang machte ich mir darüber keine großen Gedanken. Schließlich war es ja nicht wirklich schlimm, in meiner kuscheligen Komfortzone zu verweilen. Aber nach etwa vier Monaten kam ich an einen Punkt, an dem ich extrem unzufrieden mit mir selbst wurde, weil ich auf einmal bemerkte, wie viel weniger ich geschafft bekam. Ich war mir selbst einfach zu schade für die meisten Dinge geworden. Wieso die Komfortzone verlassen, wenn es da doch so schön angenehm war? Wieso etwas Neues wagen und damit ein Risiko eingehen, wenn das Alte doch auch funktionierte? Als Hochleistungssportler hatte ich neben den 20 bis 30 Stunden Training pro Woche mehr Dinge auf die Reihe bekommen als jetzt ohne den ganzen Sport.

Es war schlicht und ergreifend keine Grundenergie mehr da. Ich stand in der Früh auf und hatte keinen wirklichen Antrieb, etwas zu machen. Da draußen wartete einfach kein Leben auf mich. Irgendwie hatte ich wohl die verrückte Hoffnung, es würde sich schon irgendwann einmal von selbst erledigen, aber leider wurde es im Gegenteil immer schlimmer – bis zu einem ganz bestimmten Tag. Ich war mit ein paar Leuten an einem Samstagabend unterwegs und tat das, was ich mittlerweile jedes Wochenende tat: Wir feierten und tranken und hatten Spaß. Aber hatte ich wirklich Spaß? Als ich gegen drei Uhr morgens schon gut angetrunken in der Disco stand, hatte ich auf einmal das Gefühl, jemand hätte die Pause-Taste gedrückt. Ich stand dort zwischen all den feierwütigen Menschen, ich blickte in die Gesichter der teilweise schon sehr stark angetrunkenen Leute und fragte mich: »Was machst Du hier eigentlich?« Aus dem einst ehrgeizigen, willensstarken und lebensfrohen jungen Mann war ein verweichlichter und zielloser Typ geworden, der mit Alkohol die Leere in seinem Kopf in ein dumpfes Gefühl verwandelte. Früher hatte ich immer über die Menschen gelacht, die nur für das Wochenende leben – und auf einmal ertappte ich mich dabei, am Montag bereits auf den Freitag zu hoffen. Das Ausgehen am Wochenende wurde zum Highlight meiner Woche. Was für eine armselige Existenz! Da draußen wartete das Leben, und ich betäubte mich mit Alkohol. Noch in derselben Nacht traf ich eine Entscheidung: Ich würde meine Lebenszeit nicht länger auf diese Weise verstreichen lassen!

Aber wie sollte ich das anstellen? Ich hatte eine elementare Entscheidung getroffen, doch nun stand ich vor einem riesigen Berg und wusste nicht so genau, wie ich ihn erklimmen sollte. Eins war mir klar: Egal, wie groß dieser Berg ist und wie viele Schritte nötig sind, um nach oben zu kommen – ich muss den ersten Schritt machen und sei er noch so klein! Wie konnte dieser Schritt aussehen, was war zu tun, um wieder in die richtige Spur zu kommen? Als Sportpsychologe wusste ich natürlich, dass Willenskraft trainierbar ist, und so kam ich nach einigem Nachdenken dann tatsächlich auf eine eher ungewöhnliche Idee. In meinem Garten befindet sich ein kleiner Brunnen, in den täglich frisches Wasser mit einer Temperatur von circa acht Grad hineinfließt. Ich entschloss mich, jeden Morgen nach dem Aufstehen für 30 Sekunden in dieses kalte Wasser zu springen. Diese Entscheidung traf ich wohlgemerkt am Nachmittag bei strahlendem Sonnenschein.

Als ich am folgenden Morgen in der Früh aufwachte, fühlte ich mich wie immer in den letzten Monaten antriebslos und trist. Ich schälte mich langsam aus dem warmen, kuscheligen Bett und schlich in die Küche. Es war April, und die Temperatur draußen lag in der Früh bei etwa drei bis vier Grad. Durch das Küchenfenster fiel mein Blick auf den Brunnen, und mein Vorhaben kam mir wieder in den Sinn. Da war doch was! Und schon kam mir der nächste Gedanke: »Ach, damit fängst Du morgen an. Morgen ist Montag, und das ist ein guter Zeitpunkt, damit anzufangen.«

Ich hatte diesen Gedanken noch nicht zu Ende gedacht, da schrie mich eine andere innere Stimme an: »Verdammt nochmal, Du springst jetzt in diesen blöden Brunnen und hörst endlich auf, Dir selbst etwas vorzumachen!« Ich zog mir meine Badehose an und ging nach draußen. Ich wusste, ich sollte besser nicht darüber nachdenken, wie es sich wohl anfühlen würde, noch im Halbschlaf in das eiskalte Wasser zu springen. Was soll ich sagen? Es fühlte sich an wie Tausende Nadelstiche. Die Luft blieb mir weg, und ich wartete zappelnderweise nur darauf, dass die 30 Sekunden endlich vorbeigingen. Dann stieg ich aus dem Wasser, war hellwach und sprang sofort unter die warme Dusche. Was ich dann erlebte, überraschte mich, obwohl ich es eigentlich erwartet hatte: Zum ersten Mal seit Monaten spürte ich wieder, was es bedeutet, sich zu etwas zu überwinden. Ich konnte die warme Dusche umso mehr genießen, weil ich zuvor im eiskalten Wasser war. Und was am Wichtigsten war: Ich hatte wieder das Gefühl, Herr über mich selbst zu sein.

Am nächsten Morgen wiederholte ich die Prozedur: In der Früh war es so kalt, dass die Wasserspritzer auf dem Pflaster neben dem Brunnen gefroren waren. »Heute ist es wirklich zu kalt. Morgen kannst Du wieder weitermachen.« »Halt die Klappe und spring in diesen verdammten Brunnen!« Jeden Tag suchte ich aufs Neue nach Ausreden, um nicht in den Brunnen zu müssen. Denselben Ausreden, die ich auch bei allen anderen Sachen verwendete. »Morgen ist besser.« »Du hast Dich ja gestern schon überwunden, also hast Du Dir es verdient, heute nicht in das Wasser zu müssen.« »Andere würden das auch nicht machen.« Aber wenn ich nicht mal so eine banale Sache meistern konnte, wie sollte ich dann die wirklich wichtigen Entscheidungen in meinem Leben treffen können?

Es dauerte einige Wochen, bis ich kaum noch darüber nachdachte, ob ich es nun tun würde oder nicht. Gleichzeitig spürte ich, wie sich meine Stimmung von Tag zu Tag verbesserte und wie ich allmählich auch andere Sachen wieder in Angriff nahm. Die Willenskraft, die anfangs notwendig war, um sich das Ganze anzutun, nahm nach und nach ab. Ich wollte mit dieser Aktion ja nie meinen Körper abhärten oder etwas für meine Gesundheit tun. Es ging mir schlicht und ergreifend darum, meinem Kopf klar zu machen: Du machst mit mir nicht, was Du willst, sondern das, was ich will. Ich wollte mir meine verlorene Willenskraft Stück für Stück zurückholen. Dieser kleine, scheinbar bedeutungslose erste Schritt war tatsächlich der entscheidende!

Um seine Willensstärke zu trainieren, gibt es nur einen einzigen Weg: Verlasse Deine Komfortzone! Jedes Mal, wenn Du das tust, wächst Deine Willensstärke. Vergleichbar ist das in etwa mit einem Muskel, den man mit Gewichten trainieren muss, damit er stärker wird. Hier meine fünf wichtigsten Tipps, wie Du einen eisernen Willen bekommst:

1. Verpflichte Dich.

Die meisten Vorhaben beruhen auf Wünschen, jedoch nicht auf festen Überzeugungen. Wenn Du etwas ändern möchtest, dann verpflichte Dich auch dazu, indem Du klare Regeln aufstellst. Wenn Du Dir beispielsweise vornimmst, jeden Tag eine Minute kalt zu duschen, Dich jedoch nicht daran hältst, dann werden daraus beim nächsten Mal zwei Minuten. Du bist die einzige Person, der Du Rechenschaft schuldig bist. Also belüge Dich nicht.

2. Nicht denken, sondern machen.

Unser Denken steht uns häufig im Weg, gerade dann, wenn es um Veränderung geht. Schalte Deinen Kopf aus. Einfacher gesagt, als getan, denkst Du jetzt vermutlich. Richtig – die meisten Menschen scheitern daran, weil sie ihren Fokus auf das legen, was sie nicht machen möchten. Wenn ich Dir sage: Denke nicht an ein fliegendes Schwein mit Zebramusterung, woran denkst Du jetzt? Genau. Wesentlich effektiver ist es, sich auf den nächsten Schritt zu fokussieren. Stehst Du beispielsweise unter der Dusche und denkst darüber nach, wie es sich wohl anfühlt, wenn gleich das kalte Wasser über Deine warme Haut läuft, dann hast Du bereits verloren. Stattdessen greifst Du bewusst zum Wasserhahn, drehst ihn auf kalt und machst das Wasser an. In der Sportpsychologie spricht man davon, dass Du jetzt den »Rubikon« überschritten hast. Die Entscheidung ist getroffen, es gibt kein Zurück mehr.

3. Ich hab's drauf.

Glaub mir, Du bist nicht die einzige Person auf dieser Welt, die immer wieder gegen den inneren Schweinehund kämpft. Mach Dir diese Tatsache bewusst! Jedes Mal, wenn ich Mühe hatte, mich für das Training aufzuraffen, habe ich mir selbst gesagt: »Die meisten Deiner Konkurrenten liegen jetzt noch im warmen Bett, aber Du nicht! Du ziehst das hier jetzt durch, und genau deshalb bist Du am Wettkampftag schneller als die anderen!« Bei schönem Wetter schafft das jeder. Wenn man gut drauf ist, ist das kein Problem. Aber wenn man keinen Bock hat und es regnet – das zählt wirklich!

4. Verzeihe Dir!

Trotzdem wird es Tage geben, an denen Dir das, was Du Dir vorgenommen hattest, einfach nicht gelingt. Tage, an denen Dein Schweinehund stärker ist. Das ist kein Weltuntergang, viel wichtiger ist, wie Du damit umgehst. Viele Menschen, die zum Beispiel abnehmen möchten und dann nach einer Woche doch mal der Versuchung erliegen, am Abend Schokolade zu essen, schmeißen ihr Vorhaben nicht selten über den Haufen. »Jetzt ist es eh schon egal«. Kennst Du das? Shit happens! Mund abputzen und am nächsten Tag geht's weiter! Weiter, immer weiter, so wie Oli Kahn schon sagte.

5. Erhöhe die Reizschwelle.

Mit fortschreitender Dauer wirst Du feststellen, dass Du immer weniger Willenskraft benötigst, um dieselbe Tätigkeit auszuführen. Irgendwann nähert sich das Niveau der Willenskraft langsam aber sicher Deiner Komfortzone an. Spätestens jetzt solltest Du die Reizschwelle wieder etwas erhöhen. Suche Dir neue Aufgaben, bei denen Du Deine Komfortzone verlassen kannst.

Willenskraft ist nicht etwas, das man hat oder nicht hat – auch wenn das viele glauben. Es ist schlicht und ergreifend eine Fähigkeit, die sich trainieren lässt, wie jeder Muskel. Willenskraft hilft uns dabei, schwierige Entscheidungen zu treffen und auch in dunklen Momenten niemals aufzugeben.

Vielleicht kommst Du bisher auch ganz gut ohne sie zurecht. Aber falls Du einmal in eine Situation kommen solltest, in der Willenskraft nützlich ist, dann wärest Du sicher froh über ein gewisses Training.

4. Leistung – You are an Ironman

Weltmeisterschaft 2015 – Mein absoluter Tiefpunkt ©FinisherPix.com

Monatelanges Training, penible Vorbereitung, und nichts sollte dem Zufall überlassen werden. Ich hatte nur ein Ziel: Weltmeister! Die Ironman 70.3-Weltmeisterschaft in Zell am See sollte mein Rennen werden. Stattdessen wurde es ein absolutes Desaster, das mich weinend am Straßenrand enden ließ.

Begonnen hatte dieses Desaster aber nicht erst am Renntag, sondern schon lange vorher. Über Monate hinweg hatte ich mir selbst einen immensen Druck aufgebaut. Ich spürte, wie am Abend vor dem Rennen die Nervosität immer extremer wurde und wunderte mich darüber. Denn meistens war meine Stimmung vor Wettkämpfen recht entspannt, und erst kurz vor dem Startschuss stieg die Nervosität an. Am Vorabend des Rennens war für 21.30 Uhr am See eine große Lichtershow geplant. Es war eine gigantische Show, und der Veranstalter scheute keine Mühen und Kosten, den Zuschauern ein tolles Spektakel zu bieten. Alle waren restlos begeistert – außer mir, denn ich lag zu diesem Zeitpunkt bereits seit zwei Stunden im Bett und war damit beschäftigt, Löcher in die Wand zu glotzen, weil ich nicht einschlafen konnte. Es hätte ein unglaublich schöner Vorwettkampfabend werden können, aber ich hatte Angst, dabei meinen Fokus auf das Rennen zu verlieren. Ich hatte Angst, zu wenig zu schlafen und nicht ausgeruht genug zu sein. Und nun lag ich da in meinem Hotelbett und war kurz davor durchzudrehen, weil ich meine Nervosität nicht in den Griff bekam. Zu allem Übel war es draußen vor meinem Fenster auf der Straße auch noch recht laut. Ich verpasste mir Ohrenstöpsel in der Hoffnung, dadurch ein wenig mehr Ruhe zu gewinnen. Stattdessen hörte ich nur noch meinen eigenen Atem, was mich erst recht in den Wahnsinn trieb.

Nach einer Nacht, die gefühlt kein Ende nehmen wollte, klingelte endlich der Wecker. Der Wettkampftag begann, und eine ganze Kette von Fehlern nahm ihren Lauf, die einzeln gesehen nicht dramatisch waren, aber in Summe zu einem Desaster führten. Es fing schon damit an, dass ich meinen Neoprenanzug zu früh vor dem Start anzog – und kurz vor dem Start bemerkte ich, dass der Weg zur Startlinie, den ich geplant hatte, abgesperrt war. Also lief ich im Neoprenanzug gut 800 Meter in der prallen Sonne und bei 30 Grad Außentemperatur zum Start. Das kostete mich viel Flüssigkeit und meine Körpertemperatur stieg deutlich an. Beim Schwimmen kam ich mir in meinem Neo vor wie ein Fisch, den man in Alufolie in den Ofen geschoben hat. Anschließend bemerkte ich jedoch, dass ich meinem größten Konkurrenten direkt auf den Fersen war. Das gab mir natürlich einen ordentlichen Motivationsschub.

Auf dem Rad war ich nur noch auf ihn fokussiert und vergaß dabei zu trinken. Bis zu diesem Zeitpunkt hätte ich bereits mindestens 1,5 bis 2 Liter trinken müssen, um meinen Wasserhaushalt wieder auszugleichen. Als ich dann zur Trinkflasche greifen wollte, rutschte sie mir aus den Fingern und landete auf der Straße. Doch statt anzuhalten und sie aufzuheben, traf ich die fatale Entscheidung, weiterzufahren. Spätestens als mir nach der Hälfte der Radstrecke schwindlig wurde, hätte ich massiv Flüssigkeit zuführen müssen. Da ich mir aber keines Fehlers bewusst und immer noch vollkommen auf den Sieg fokussiert war, trank ich nicht genug, um die Dehydration auszugleichen. Irgendwie kam ich zwar noch in der Wechselzone an, aber bereits nach wenigen Laufmetern wankte ich nur noch wie in Trance von links nach rechts. Von Kilometer zu Kilometer schwand meine Hoffnung auf den Sieg, und ich fing an, mit mir selbst zu hadern. Als ich irgendwann realisierte, dass mein Rückstand einfach zu groß war, fing ich, versteckt hinter meiner verspiegelten Sonnenbrille, sogar an zu heulen.

Spätestens nach dieser Geschichte sollte klar sein, warum ich Sportpsychologie studiert habe. Ich hatte oftmals selbst die größten Schwierigkeiten, meine Leistung auch wirklich abzurufen. Theoretisch das Potenzial zu haben, reicht nicht. Man muss auch darauf zugreifen können, wenn es erforderlich ist. An diesem Tag stand mir schlicht und ergreifend mein Kopf im Weg. Eigentlich wissen wir ja, dass vieles Kopfsache ist, und dennoch tun die wenigsten etwas dagegen. Wahrscheinlich, weil niemand uns zeigt, wie das geht. Stattdessen wird uns Wissen vermittelt. Wir werden gecoacht. Wir werden trainiert. Aber niemand vermittelt uns, wie wir diese PS auch auf die Straße bringen können, wenn's relevant wird. Regelmäßig scheitern Leistungssportler im Wettkampf mental. Regelmäßig versagen Schülern und Studierenden in der Prüfungssituation die Nerven. Und regelmäßig treffen wir in Stresssituationen die falschen Entscheidungen, weil uns alles über den Kopf wächst. Der

Kopf entscheidet darüber, ob wir schwierige Situationen meistern oder ob wir unter dem Druck zusammenbrechen. Leider wird sportpsychologisches Training von vielen immer noch mit Tschakka-Sprüchen gleichgesetzt, nach dem Motto »Du musst positiv bleiben« oder »Sag Dir einfach, dass Du es schaffst«. Dabei gehen die Strategien, mit denen sich die eigene Leistung auch wirklich abrufen lässt, weit über diese nichtssagenden Floskeln hinaus. Denn auch wenn die Sportpsychologie noch eine vergleichsweise junge Wissenschaft ist, so sind viele Methoden in diversen Studien bereits sehr gut erforscht und belegt. Die Frage wird in Zukunft nicht mehr nur lauten, wie ich meine Leistung steigere beziehungsweise mein Potenzial entwickle, sondern vielmehr, wie ich meine Stärken auch abrufe, wenn es darauf ankommt.

Warum Frauen besser einparken können

Aber wieso versagen uns in manchen Situationen eigentlich die Nerven? Wieso schaffen wir es nicht, das abzuliefern, was wir eigentlich drauf haben?

Ein guter Freund von mir ist meiner Meinung nach ein ganz passabler Autofahrer, und auch das Einparken ist für gewöhnlich keine große Schwierigkeit für ihn. Als ich aber vor ein paar Monaten zusammen mit ihm, seiner Freundin und einer weiteren Bekannten nach München fuhr, durfte ich eine lustige und zugleich sehr interessante Beobachtung machen. Auf der Suche nach einem Parkplatz fuhr er neben eine Parklücke, die wohlgemerkt ausreichend Platz für sein Auto bot, als seine Lebensgefährtin plötzlich anmerkte: »Da kommt man ja locker rein.« Als Mann hat man in einer solchen Situation sowieso nur eine Möglichkeit: nichts anmerken lassen und zustimmen. Ich kürze es ab. Das Ende vom Lied war, dass beide Frauen draußen standen und ihn in die Parklücke einweisen mussten, zur Belustigung einiger Passanten. Hätte er eine Pistole gehabt, er hätte sich im Auto hingerichtet. Wo lag das Problem? An seinen Fähigkeiten als Autofahrer sicherlich nicht – ich wusste ja, dass er es kann. Hatte sich an der Situation irgendetwas verändert? Nein, es war eine ganz normale Parklücke. Es ging einzig und allein um seine Bewertung der Situation. Es war also ein Kopfproblem. Denn in dem Moment, als seine Freundin sagte: »Da kommt man ja locker rein«, brannte es in seinem Kopf lichterloh. Auf einmal lag der Fokus nicht mehr beim Einparken, sondern auf ganz anderen Dingen. Denn plötzlich spürte er einen großen Erwartungsdruck, sowohl von außen als auch von innen. Schließlich haben die meisten Männer – ganz gemäß des gängigen Klischees – den Anspruch, auf den ersten Schwung in die Parklücke zu kommen. Außerdem machte er sich über die Konsequenzen Gedanken: Was passiert, wenn ich nicht gleich beim ersten Mal reinkomme? Er hätte einfach nur einparken müssen, so wie er es schon zigmal gemacht hat. Was lernen wir aus dieser Sache? Frauen können tatsächlich besser einparken! Und warum? Weil das Klischee besagt und keiner erwartet, dass sie das gut können. Männer können beim Einparken bloß verlieren, Frauen nur gewinnen!

Aus dieser Kombination von Erwartungsdruck, Nichtwiederholbarkeit der Situation, Konsequenzen beim Misserfolg und einer (wenn auch klischeehaften und geschlechterstereotypen) Zielvorgabe braut sich bei vielen ein Molotowcocktail zusammen, der in unserem Hirn ein wahres Inferno verursachen kann. Wir sind an Routinen gewöhnt, und das ist auch gut so, aber sobald wir aus unserer Routine herausfallen, beginnt die Lunte des Molotowcocktails zu brennen. Das müssen gar keine Extremsituationen sein. Vielleicht kennst auch Du Menschen, die es einfach nicht schaffen, zwei gerade Sätze auf den Anrufbeantworter zu sprechen. Statt einfach ganz normal zu reden wie sonst auch, spricht der beste Freund plötzlich total förmlich, versucht einen Ansager zu imitieren oder vergisst auf einmal sogar seinen Dialekt. Hat sich an der Aufgabe irgendetwas verändert? Nein, einzig und allein seine Bewertung der Situation führte zu dem geänderten Verhalten. Der Anrufbeantworter scheint für manche Menschen ebenso stressauslösend zu sein wie etwa die Vorstellung, vor einem großen Publikum sprechen zu müssen.

Der oft zitierte Satz von Sportlern »Im Wettkampf ist alles anders« ist daher aus meiner Sicht völliger Quatsch! Wenn das tatsächlich so wäre, bräuchte man gar nicht mehr zu trainieren, denn man hätte ja sowieso keinen Einfluss darauf. Aber im Kopf eines Fußball-Profis macht es sehr wohl einen Unterschied, ob er den Elfmeter im Training oder im Spiel vor 60.000 pfeifenden gegnerischen Fans schießt. Für den Kopf des Arztes macht es sehr wohl einen Unterschied, ob er die Herz-OP an einem lebenden Patienten oder am Modell durchführt. Im Kopf eines CEOs macht es sehr wohl einen Unterschied, ob er die Rede für das neue Produkt zu Hause vor dem Spiegel oder vor potenziellen Kunden hält. Und es macht für unseren Kopf im Alltag sehr wohl einen Unterschied, ob uns beim Einparken jemand zusieht oder nicht.

Warum ist das so, und was blockiert uns da im Kopf? Wir neigen dazu, Situationen zu bewerten. Handelt es sich um Routinetätigkeiten, so findet diese Bewertung nur im geringen Maße bis gar nicht statt, was allerdings auch gefährlich werden kann. Man denke nur an das Telefonieren während des Autofahrens. Sobald wir aber aus der gewohnten Routine kippen, fangen wir sofort an, die Situation zu bewerten. Welche Anforderungen muss ich jetzt erfüllen, und kann ich das schaffen? Welche Ansprüche habe ich oder haben andere Menschen jetzt an mich? Und was passiert, wenn ich es nicht schaffe? Es gibt ein absolut zuverlässiges Zeichen dafür, dass wir aus der Routine kippen: Wir fangen an, mit uns selbst zu sprechen.

Sprich mit Dir

Mit Selbstgesprächen verbinden wir vor allem ältere, senile Menschen. Aber auch wenn wir das nicht gerne zugeben: Wir sprechen alle den ganzen Tag mit uns selbst. Mal mehr, mal weniger, mal laut, mal leise. Du glaubst mir nicht? Ich gebe Dir ein einfaches Beispiel: Stellen Dir vor, Du willst zu Hause ein Bild aufhängen, und dafür musst Du einen Nagel in die Wand schlagen. Du holst aus und triffst mit voller Wucht Deinen Fingernagel. Ziemlich sicher wird Dein Selbstgespräch nun sehr intensiv ausfallen, vermutlich ist ein lauter Fluch zu hören. Solltest Du das Bild heute trotzdem noch aufhängen wollen, kommst Du nicht darum herum, einen erneuten Versuch zu starten, den Nagel in die Wand zu schlagen. Da Du ja bereits gewisse Erfahrungen gesammelt hast und dadurch aus Deiner Routine gekippt bist, wird Dein Fokus sehr wahrscheinlich nicht mehr zu hundert Prozent auf dem Nagel liegen. Je heftiger Dein Daumen pocht und blutet, desto intensiver wirst Du mit Dir selbst reden: »Hoffentlich klappt es diesmal! Bitte, bitte nicht noch mal daneben …«

Selbstgespräche sind völlig normal. Im Alltag achten wir gar nicht so bewusst darauf, aber wir sprechen in zwei Situationen sehr intensiv mit uns selbst: zum einen dann, wenn wir besonders gefordert werden, wie zum Beispiel bei einer Rede vor Publikum. Das kann sogar so weit gehen, dass wir laut mit uns sprechen. Und zum anderen sind das Momente, in denen es sehr ruhig ist. Vielleicht kennst Du das, wenn Du abends im Bett liegst und eigentlich schlafen möchtest, aber das Gehirn sagt: Wir müssen reden! Selbstgespräche zu vermeiden, ist gar nicht möglich, denn wir sprechen ohnehin den ganzen Tag mit uns selbst. Viel spannender ist die Frage, wie wir unsere Selbstgespräche so lenken können, dass sie unterstützend und nicht hinderlich wirken.

Im Rahmen meiner Master-Thesis habe ich 2014 erforscht, welchen Einfluss Selbstgespräche auf die Ausdauerleistung haben. Dabei ging es mir nicht um Leistungssportler, sondern um schlecht bis durchschnittlich trainierte Personen, also Menschen, die bisher keinerlei Selbstgesprächstraining durchlaufen hatten. Die Probanden mussten auf einem Fahrrad bei ansteigender Belastung so lange fahren, bis sie nicht mehr konnten – oder besser gesagt, nicht mehr wollten. Eine Gruppe erhielt nach dem Pre-Test ein strukturiertes Selbstgesprächstraining, während die andere ganz normal weitertrainierte. Die Gruppe, die das Selbstgesprächstraining erhalten hatte, war nach vier Wochen signifikant besser, obwohl sich am Training nichts geändert hatte. Objektive Werte wie Puls und Laktat waren teilweise zwar deutlich schlechter, aber trotzdem hielten sie länger durch. Nach den üblichen Bewertungsmaßstäben hätte man eigentlich feststellen müssen, dass sich die Probanden verschlechtert haben. Aber solange bei Wettkämpfen derjenige gewinnt, der als Erster im Ziel ist und nicht derjenige, der den niedrigsten Puls- oder Laktatwert hat, so lange machen Selbstgespräche als gezielte Maßnahme Sinn.

Doch bevor wir mit einer Selbstgesprächsinstruktion beginnen, ist es entscheidend zu wissen, was dabei im Hirn konkret abläuft. Bei leichter Belastung machen wir uns noch relativ wenig Gedanken, da wir nicht gefordert sind. Wir sind quasi in der Routine. Aber je anstrengender es wird, desto deutlicher wird der innere Monolog, typischerweise so etwas wie »Puh, ist das anstrengend,« »Ich glaube, ich halte das nicht mehr lange durch« und so weiter. Die Selbstgespräche fallen von Mensch zu Mensch sehr unterschiedlich aus, aber ein Teil davon stimmte bei allen Probanden meiner Studie überein, nämlich folgende Sätze kurz vor dem Aufgeben: »Ich kann nicht mehr,« oder »Ich gebe auf.« Niemand gibt auf mit dem inneren Monolog: »Ich schaff das!« Die Gedanken springen zwischen »Ich schaff das« und »Ich gebe auf« ständig hin und her. Bevor wir endgültig aussteigen, kippt immer zuerst das innere Gespräch. Nicht unser Körper, sondern unser Kopf entscheidet sich dafür aufzugeben. Wir sind nicht mehr bereit, den Schmerz zu ertragen. Manche Menschen können sehr viel Schmerz ertragen und spielen dieses Selbstgesprächsspiel im Kopf stundenlang, während andere bereits bei relativ niedriger Belastung das Handtuch werfen. Rein physiologisch gesehen, sind wir erst bei circa 60 Prozent unserer Leistungsfähigkeit angelangt, wenn wir das subjektive Gefühl haben, am körperlichen Limit zu sein. Diese Tatsache unterstreicht nochmals ganz deutlich, dass nicht zwangsläufig der fitteste Sportler den Wettkampf gewinnt, sondern derjenige, der den Schmerz am längsten und intensivsten ertragen kann.

Vielleicht hast Du ja gar nicht vor, jemals an einem sportlichen Wettkampf teilzunehmen und hältst daher so ein Selbstgesprächstraining für überflüssig. Aber nicht nur im Sport entscheidet das Gespräch mit uns selbst über Erfolg oder Misserfolg. Folgende Geschichte verdeutlicht das besonders gut:

Bei einem Schiffsunglück im Atlantik im 19. Jahrhundert gelang es der Besatzung des Schiffs, ein notdürftiges Floß zu bauen. Erst nach fünf Tagen konnte ein Rettungstrupp die Menschen bergen, doch von den 100 Personen, die sich anfangs auf das Floß gerettet hatten, überlebten am Ende lediglich drei. Nun könnte man denken, das sei nicht weiter ungewöhnlich. Schließlich hatten die Menschen kaum Wasser und Nahrungsmittel an Bord. Doch bei Untersuchungen danach ließ sich rekonstruieren, dass die Menschen unter den in diesen Breitengraden vorherrschenden klimatischen Bedingungen ohne Weiteres mindestens sieben Tage hätten überleben können. Was war passiert? Wie die Überlebenden berichteten, brach bereits am zweiten Tag Panik aus. Manche sprangen über Bord, andere wurden zu Kannibalen. Nur die wenigsten waren bereit, das Leiden und die Qualen noch länger zu ertragen. Die Routine dieser Menschen kippte, und mit ihr auch der innere Monolog. Die Leute gaben sich selbst auf.

Was tun, wenn es schmerzt? Lachen! ©Marcel Hilger

Fragt man Überlebende von Schiffsunglücken, die erst nach Tagen im Wasser gerettet werden, wie sie so lange durchhalten konnten, dann hört man fast immer das Gleiche: »Ich habe mir immer wieder gesagt, dass ich es schaffe. Ich habe mir ständig eingeredet, dass bald ein Rettungsboot kommen wird.«

Selbstgespräche zu führen, solange alles glatt läuft, ist keine Kunst. Aber hilfreiche Selbstgespräche führen zu können, wenn es drauf ankommt, lässt sich tatsächlich trainieren.

Im Training sagte ich mir immer und immer wieder die Wörter und Sätze vor, die ich auch im Wettkampf verwenden würde. Ich sagte sie mir so oft, bis mein Hirn wusste: Aufgeben war keine Option. Zusätzlich verknüpfte ich meine Selbstgespräche mit einem breiten Grinsen, gerade in den Phasen, in denen es mir extrem schlecht ging. Wie bereits bei dem Trick mit dem Stift erwähnt, kann unser Gehirn nicht zwischen einem echten und einem künstlichen Lachen unterscheiden. Somit erhielt mein Hirn das eindeutige Signal, dass es mir gut ging, da ich ja lachte. Und obwohl ich diese Strategie bereits tief verinnerlicht hatte, malte ich mir vor jedem Wettkampf einen Smiley auf meine linke Hand, um mich daran zu erinnern, nie meine Leichtigkeit zu verlieren und niemals aufzugeben.

Entscheidungen am Limit

In manchen Situationen müssen wir Entscheidungen unter maximalem Stress treffen – im Sport, im Job oder auch im Alltag. Das bekannteste Stresssymptom, den Tunnelblick, kennt wahrscheinlich jeder: Das Gehirn versucht, den Fokus maximal eng zu machen, um das Problem in den Griff zu bekommen. Doch das ist für die Entscheidungsfindung nicht immer unbedingt förderlich. Plötzlich stehen wir vor einer Herausforderung und müssen uns entscheiden: Annehmen oder nicht? Diese Entscheidung können wir nicht delegieren. Wir können uns vielleicht beraten lassen oder abwägen, aber die endgültige Entscheidung nimmt uns niemand ab. Eine Managerin, die entscheiden muss, ob das neue Projekt gestartet wird, kann sich mit den besten Beratern besprechen, aber am Ende entscheidet sie allein! Ein Fußballtrainer, der die Mannschaft für das Endspiel aufstellen muss, kann sich mit den Co-Trainern beraten, aber am Ende liegt die Entscheidung bei ihm. Und ein Arbeitnehmer, dem man ein Projekt anvertraut hat, kann sich bei seinen Kollegen Rat holen, doch auch er trifft den finalen Entschluss selbst. Oft haben wir jedoch große Probleme damit, weitreichende Entscheidungen zu treffen. Unterm Strich gibt es nur drei Gründe, warum uns wichtige Entscheidungen so schwer fallen:

1. Die Bedingungen der Herausforderung: eine sehr kurze Zeitspanne, keine Wiederholbarkeit, Zweifel, Eigenverantwortlichkeit

2. Ansprüche: eigene oder von außen kommuniziert, etwa vom Chef, den Eltern, Kunden, der Öffentlichkeit

3. Nachdenken über die Konsequenzen: Was passiert, wenn …?

Eine Herausforderung einfach so anzunehmen, ist nicht selbstverständlich, auch wenn wir von klein auf über diese Fähigkeit verfügen. Ein kleines Kind wägt selten erst einmal alle Eventualitäten ab, bevor es sich für etwas entscheidet, sondern macht einfach. Doch je älter wir werden, umso mehr Erfahrungen machen wir – und wir lernen vor allem, dass es immer eine Person gibt, die das Sagen hat: Mutter, Vater, später der Lehrer, dann die Vorgesetzten und schließlich auch der Partner oder die Partnerin. Anscheinend gibt es immer irgendeine Person, die über uns entscheidet, und wenn es die Bundeskanzlerin ist. Zum Problem wird das dann, wenn viele ihre Eigenverantwortlichkeit abgeben und selbst nur noch schwer Entscheidungen treffen können. Doch auch dies kann trainiert werden. Die meisten Menschen wollen ja durchaus Entscheidungen treffen, aber wir haben zu wenige Vorbilder dafür.

Nehmen wir einfach einmal das Beispiel mit der Zivilcourage. Angeblich helfen wir einander viel zu wenig. Das liegt jedoch nicht daran, dass wir nicht helfen möchten, sondern dass selten jemand die Initiative ergreift. Hier kommt wieder der Tunneleffekt zum Tragen: Wir fühlen uns wie gelähmt und handlungsunfähig. In der Psychologie spricht man dabei vom »Bystander-Effect«. Je mehr Menschen beispielsweise an einer Unfallstelle stehen, desto größer die Wahrscheinlichkeit, dass niemand hilft. Die Verantwortung wird einfach weitergegeben, nach dem Motto: »Einer wird sich schon darum kümmern.« Was es in solchen Situationen bräuchte, ist jemand, der anfängt und den ersten Schritt macht und am besten noch klare Anweisungen gibt. In diesem Fall zum Beispiel: »Sie rufen den Notarzt«, »Sie sichern die Unfallstelle ab« und so weiter. Welchen Dominoeffekt das auslösen kann, zeigen diverse Videos im Internet, wie beispielsweise folgendes:

https://www.youtube.com/watch?v=UmypPEKNUE0

Ein absolutes Musterbeispiel, wie man eine Entscheidung am Limit trifft, lieferte ein gewisser Chesley B. Sullenberg am 15.1.2009. Er war ein sehr erfahrener Pilot und hatte bis zu diesem Tag viele hundert Flüge erfolgreich gemeistert. Kurz nach dem Start auf dem New Yorker Flughafen kollidierte das Linienflugzeug mit einem riesigen Vogelschwarm, wodurch beide Triebwerke bis zur Funktionsunfähigkeit beschädigt wurden. Von jetzt auf gleich waren alle Parameter für eine Ausnahmesituation gegeben:

• Höchste Anforderungen
• Ungewisser Ausgang
• Dramatische Konsequenzen
• Kein zweiter Versuch
• Sehr kurze Zeitspanne für die Entscheidung

Zwar ist ein Triebwerksausfall eine Ausnahmesituation, aber Piloten haben für diesen Fall eine Checkliste, die sie abarbeiten können, um das Flugzeug sicher zu landen. Diese Checkliste ist allerdings für einen Triebwerksausfall in einer Höhe von 10.000 Metern konzipiert, nicht für 2.000 Meter. Sullenberg hatte somit lediglich drei Minuten Zeit, bis das Flugzeug auf dem Boden aufschlagen würde. Drei Minuten! In dieser Zeit können manche Menschen in der Früh noch nicht einmal entscheiden, ob sie ihren Kaffee mit oder ohne Milch trinken wollen. Wie ging Sullenberg in dieser Situation vor? Laut eigener Aussage war sein erster Gedanke: »Das kann doch nicht wahr sein! Wieso ich?« Doch diesen Gedanken blendete er sofort wieder aus und ging Schritt für Schritt alle Punkte durch, die notwendig waren, um das Flugzeug sicher zu landen.

1. Er übernahm das alleinige Kommando, um die Komplexität zu reduzieren und Kommunikationsfehler auszuschließen. Kommunikationsfehler sind eine der häufigsten Ursachen für Katastrophen.

2. Er zog verschiedene mögliche Landeplätze in der Umgebung in Betracht und stellte fest, dass alle Flughäfen zu weit entfernt waren. Daher entschied er sich für eine Landung auf dem Hudson River. Die Erfolgsaussichten bei einer Notwasserung sind tatsächlich eher gering. Dennoch entschied er sich dafür und – noch viel wichtiger – fokussierte sich mit aller Konsequenz auf dieses Ziel.

3. Er bereitete alles vor und arbeitete mit seinem Kopiloten die gesamte Checkliste durch.

4. Schließlich machte er die Durchsage, die Du hoffentlich nie in einem Flugzeug hören wirst: »Brace brace safety position.« Nimm die Schutzhaltung ein.

5. Wie konsequent und fokussiert sein Handeln war, zeigt der letzte Schritt: Nachdem bereits alle Passagiere das Flugzeug verlassen hatten, überzeugte er sich persönlich davon, dass niemand mehr an Bord war – während das Wasser im Flieger bereits stieg.

Seine Entscheidungen retteten am Ende allen 155 Insassen das Leben. Im Endeffekt hat er »nur« seinen Job gemacht, den er beherrschte. Aber die Kunst war es eben, seine Fähigkeiten in dieser Extremsituation auch abzurufen. Falsche Entscheidungen haben mitunter fatale Konsequenzen, wie sich auch bei einem Schiffsunglück am 13. Januar 2012 vor der italienischen Insel Giglio zeigte, bei dem 32 Menschen ihr Leben verloren. Eine Kette von falschen und nicht getroffenen Entscheidungen führte zur Katastrophe, die darin gipfelte, dass der damalige Schiffskapitän Francesco Schettino das sinkende Schiff verließ, obwohl noch viele Passagiere an Bord waren.

Studien haben gezeigt, dass gute Entscheidungen weder auf rein emotionaler noch auf rein rationaler Ebene getroffen werden. Die richtige Kombination aus Bauchgefühl und Kopf ist viel entscheidender. Daher möchte ich Dir fünf einfache Schritte an die Hand geben, wie Du in Zukunft bessere Entscheidungen treffen kannst:

1. Komplexität reduzieren.

Dass uns Entscheidungen insgesamt so schwer fallen, hat vor allem damit zu tun, dass wir vor dem finalen Entschluss möglichst viele Informationen sammeln möchten. Das braucht jedoch Zeit, und je länger wir die Entscheidung hinauszögern, desto schwieriger wird es, sie tatsächlich zu treffen. Reduziere also die Entscheidungskomplexität auf ein Minimum und akzeptiere, dass Du nicht alle Eventualitäten vorab abklären kannst.

2. Das haben wir immer schon so gemacht.

Kommt Dir diese Aussage bekannt vor? Sehr oft sind es die Regeln und Vorgaben von anderen, die uns nicht nur in unserem Denken, sondern auch in unserem Handeln einschränken. Durch diese Einschränkung nehmen wir andere Entscheidungsalternativen gar nicht mehr wahr. *Break the rules but don't break the law.* Durchbrich alte Glaubenssätze, und Du wirst feststellen, dass es viel bessere Alternativen gibt als Du glaubst.

3. Kopf über Bauch oder Bauch über Kopf?

Kombiniere beides! Leg Dir bei komplexeren Sachverhalten eine Pro-Contra-Liste an und bewerte die einzelnen Unterpunkte mit Sternen nach Deinem Bauchgefühl. Fünf Sterne stehen für ein super Bauchgefühl, bei einem Stern rät Dir Dein Bauchgefühl, die Finger davon zu lassen – vielleicht trotz einer guten rationalen Bewertung. Bei weniger komplexen und relevanten Entscheidungen kannst Du einfach eine Münze werfen. Denn wenn Du Dich zwischen zwei Dingen nicht entscheiden kannst, dann sind wohl beide Optionen nicht so übel – ansonsten würdest Du sie ja nicht in Erwägung ziehen. Egal, wofür Du Dich also entscheidest, es wird eine gute

Entscheidung sein. Wenn Du eine Münze wirfst, erleichtert Dir das die Entscheidungsfindung ungemein. Der Trick dabei: Solltest Du beim Blick auf die Münze enttäuscht sein, weil Du insgeheim auf die andere Alternative gehofft hast, dann weißt Du nun eben auch, welche Entscheidung Dir eigentlich lieber ist.

4. Darüber muss ich erst mal eine Nacht schlafen.

Gute Idee! Wenn Du Informationen gesammelt und sie sowohl rational als auch emotional abgewogen hast, dann gib Dir maximal 24 Stunden Zeit, die Entscheidung zu treffen. Beschäftige Dein Hirn mit ganz anderen Dingen und schlafe tatsächlich mal eine Nacht darüber. Weil Dein Gehirn nun nicht mehr nur mit den Entscheidungsalternativen beschäftigt ist, können andere Verknüpfungen entstehen und sich auf einmal Türen öffnen, von deren Existenz Du vorher noch nichts ahntest.

5. Volle Kraft voraus.

Hast Du Dich für eine Alternative entschieden, dann verfolge diesen Weg mit aller Konsequenz. Jetzt bringt es nichts mehr, der anderen Variante hinterherzutrauern, denn die Würfel sind gefallen und Du kannst es nicht mehr ändern. Genieße Dein Fünf-Sterne-Gericht beim Italiener in vollen Zügen und sei nicht traurig darüber, dass Du Dich doch nicht für das Essen Deines Tischnachbarn entschieden hast. Eine Entscheidung zu akzeptieren, ist meistens ungleich schwieriger, als die Entscheidung zu treffen.

You are an Ironman

Es sind die letzten Meter auf der Zielgeraden, die Menschen jubeln Dir zu, und dann ertönen sie, die magischen Worte, die jedem Triathleten so viel bedeuten: »You are an Ironman!« Für viele ist ein Ironman der Inbegriff für Spitzenleistungen am Limit, für das Erreichen außergewöhnlicher Leistungen. Der Ironman passt einfach in unsere Vorstellung davon, wie man etwas schaffen kann, das zuvor unmöglich schien. Doch stimmt das wirklich? Ist Spitzenleistung wirklich nur Profisportlern und Führungskräften vorbehalten?

Vielleicht kannst Du Dich noch an den 4. Dezember 2010 erinnern. Das war nicht nur ein Tag, der das Leben eines Menschen radikal ändern sollte, sondern der mir persönlich auch eine völlig neue Sichtweise auf den Begriff »Spitzenleistung« eröffnete. An diesem Tag verunglückte ein junger Mann mit gerade einmal 23 Jahren in der Sendung »Wetten, dass…?« und ist seither an den Rollstuhl gefesselt. Samuel Koch war ein begnadeter Turner, ein Leistungssportler, wie er im Buche steht, zielstrebig, ehrgeizig, durchtrainiert. An besagtem Abend war alles vorbereitet, damit er eine einzigartige Leistung erbringen konnte, die die Definition Spitzenleistung wirklich verdient hatte: Auf Sprungstelzen wollte er entgegenkommende Autos im Salto überspringen. Monatelange Vorbereitung. Alles bis ins kleinste Detail geplant. Die ersten beiden Autos übersprang er ohne Probleme. Beim dritten Auto passierte aber genau das, was nicht passieren sollte: Wie die Untersuchungen später ergaben, berührte er für 60 Millisekunden das Dach des Autos, das übrigens sein eigener Vater lenkte, und knallte ungebremst mit dem Kopf auf den Hallenboden. 60 Tausendstelsekunden, die ihm im wahrsten Sinne das Genick gebrochen haben. 60 Tausendstelsekunden, die ihm seinen gesamten Lebensinhalt entrissen.

Was folgte, war ein Leidensweg, der an Tragik wahrscheinlich schwer zu übertreffen ist. In den ersten zwei Wochen war er tapfer, zäh und zuversichtlich, wie er in seinem Buch beschreibt. Er war entschlossen, wieder laufen zu können, aber irgendwann merkte er, dass er anfing, den Halt zu verlieren, und das erste Mal vergoss er Tränen. Tränen, die er nicht einmal selbst trocknen konnte, weil er ab dem Hals abwärts gelähmt war. Der Unfall machte aus dem einst durchtrainierten, energiegeladenen Körper einen Tetraplegiker. Schwer vorstellbar, dass selbst so etwas Simples wie Husten für eine Person, die vorher fast täglich neue Grenzen überwunden hatte, auf einmal nicht mehr möglich war. Die eigentlich banale Angelegenheit, sich im Bett nicht selbst umdrehen zu können, ließ ihn aus der Haut fahren, weswegen er nur noch stark übermüdet ins Bett ging, um gleich einschlafen zu können.

Auch wenn er nach eigener Aussage jeden Tag wieder aufs Neue um seine innere Haltung kämpfte, schaffte er es nach vielen Monaten und Hunderten Therapiestunden, mit Hilfe seiner Schultermuskulatur einen Becher Wasser zum Mund zu führen. Mit diesem Erfolg hat er sich selbst ein Stück mehr Freiheit und Unabhängigkeit zurückerkämpft. Eine Leistung, die vor dem Unfall keinerlei Bewunderung ausgelöst hätte und die nach dem Unfall für unmöglich gehalten wurde. Eine Leistung, die aus meiner Sicht wahrlich den Begriff Spitzenleistung verdient hat. Dagegen ist ein Ironman ein Kindergeburtstag. Damit will ich Dir sagen: Spitzenleistung definiert jeder für sich selbst. Für den einen ist es der Olympiasieg, für den anderen das Trinken eines Bechers Wasser. Wahre Stärke lässt sich nicht an objektiven Leistungskriterien festmachen.

5. Leichtigkeit – Hang loose

Vielleicht kennst Du den Spruch: »Männer werden nur sieben Jahre alt, danach wachsen sie nur noch.« Wie Du weißt, steckt in solchen Sprüchen gern auch ein Fünkchen Wahrheit. Beobachtet man einen Vater, der seinem kleinen Sohn eine Carrera-Bahn zum Geburtstag geschenkt hat, dann lässt sich häufig feststellen, dass er mehr damit spielt als sein fünfjähriger Sohn.

Ein Kind verbringt bis zum sechsten Lebensjahr rund 15.000 Stunden mit Spielen, also mit Tätigkeiten, die im ersten Moment ziemlich zwecklos erscheinen. Doch das ist nur auf den ersten Blick so. Denn neurologisch betrachtet, ist dieser Spielprozess ganz entscheidend für die Entwicklung des Gehirns. Zweckfreies Ausprobieren und Erkunden führt dazu, dass die Netzwerke im Gehirn für alle möglichen Verbindungen offen bleiben. Je mehr Verbindungen hergestellt werden, desto komplexer, kreativer und vielfältiger kann das Gehirn später genutzt werden. Wird das Gehirn jedoch nur mit einer bestimmten Tätigkeit beschäftigt, wird auch nur dieser Bereich im Gehirn aktiviert, die anderen bleiben hingegen verschlossen.

Wie Du Dir jetzt sicher vorstellen kannst, ist das Spielen für ein Kind somit viel mehr als nur ein netter Zeitvertreib, ganz im Gegenteil: Spielen ist elementar für seine Entwicklung. Steht das Kind schließlich kurz vor der Einschulung, bekommt es von vielen Erwachsenen einen Satz zu hören, der vielleicht nur lustig gemeint ist, aber leider bei vielen zur traurigen Realität wird: »Jetzt beginnt der Ernst des Lebens.« Dieser Satz leitet meist das Ende des unbeschwerten Spielens ein und macht unmissverständlich klar, dass ab sofort andere Regeln gelten. Gehen die meisten Kinder am Anfang noch gerne zur Schule, wächst die Abneigung dagegen zunehmend, bis sie dann nach wenigen Jahren die Schule als ein lästiges Übel sehen und die Tage bis zu den nächsten Ferien zählen. Man kann den Kindern dabei überhaupt keinen Vorwurf machen, denn unser Gehirn ist schlicht und ergreifend nicht für stupides, emotionsloses Lernen gemacht. Resultat ist ein bulimieartiges Lernen, bei dem der Lehrstoff begeisterungslos ins Hirn gepresst wird, damit er dann in der Prüfung wieder ausgekotzt und anschließend vergessen werden kann.

Was schätzt Du, wieviel Prozent des Lehrplan-Wissens einige Jahre nach Schulabschluss noch in den Köpfen ist? Fünfzig Prozent? Dreißig? Laut Untersuchungen sind es erschreckende ein bis fünf Prozent! Man könnte daher mit Fug und Recht behaupten, der Satz »Non scholae, sed vitae discimus« – »Nicht für die Schule, für das Leben lernen wir« – treffe gar nicht zu. Aber leider stimmt er trotzdem, denn die Schule bereitet uns in den meisten Fällen genau darauf vor: auf eine Arbeit, die in vielen Fällen mit Spielen und der damit verbundenen Freude wenig zu tun hat.

Ich kann nicht mehr

Laut einer aktuellen Studie der Techniker Krankenkasse fühlen sich sechs von zehn Deutschen gestresst. Bei den 18- bis 20-Jährigen sind es 66 Prozent, und bei den 30- bis 39-Jährigen liegt die Zahl sogar bei unglaublichen 82 Prozent. Knapp 9 Millionen Deutsche landen pro Jahr im Burnout, das entspricht einem Anstieg von 80 Prozent in den letzten 15 Jahren. Die meisten sind dabei entweder von der Arbeit oder von ihren eigenen hohen Erwartungen gestresst. Wir fühlen uns einsam, unglücklich und ausgebrannt, aber trotzdem sind wir immer noch der festen Überzeugung, dass Spaß und Arbeit oder Spiel und Arbeit zwei Dinge sind, die nicht zusammenpassen. Wir haben keine Zeit mit Spielereien zu verlieren! Wir müssen ökonomisch und effizient sein! Wir sind mittlerweile davon überzeugt, dass Lernen, Weiterentwicklung oder Arbeit immer mit Unlust verbunden sein müssen.

Aber hast Du schon mal ein fünfjähriges Kind gehört, das nach drei Stunden auf dem Spielplatz sagt: »Oh, ich muss jetzt Mittag machen, sonst bekomme ich einen Burnout!« Es spielt so lange weiter, wie es Lust hat. Dafür braucht es keine festgelegte Mittagspause oder einen Pausengong wie in der Schule. Welchen Sinn macht es, das Kind mit einer fest definierten Pause aus seinem kreativen Schaffensprozess herauszuholen, obwohl es gerade voll und ganz darin aufgeht? Und welchen Sinn macht es, das Kind zum Weitermachen zu animieren, obwohl der Kopf gerade dringend eine Pause bräuchte?

Wir können uns als Erwachsene oft schlicht und ergreifend nicht mehr vorstellen, dem »Ernst des Lebens« mit Leichtigkeit und Spaß zu begegnen. Dabei macht diese Leichtigkeit das Leben nicht nur schöner, sondern sie ist eine elementare Voraussetzung dafür, sein Potenzial ein Leben lang weiterzuentwickeln. Schauspieler, Kabarettisten und generell alle Künstler leben davon, dass sie ihre Tätigkeit als Spiel betrachten. Für viele gehört das Künstlerdasein vielleicht gerade deshalb nicht zu den echten Berufen.

Doch wie wichtig das Spielen und diese Leichtigkeit sind, zeigt sich bei vielen großen Erfindungen, die erst dadurch zustande gekommen sind. Spielen bedeutet nichts anderes, als das Mögliche zu erkunden. Albert Einstein hat in diesem Zusammenhang einmal gesagt: »Ich habe keine besondere Begabung, sondern bin nur leidenschaftlich neugierig.« Genau diese Neugierde, diese Lust am Spiel bringt uns zu Höchstleistungen. Vielleicht hast Du das sogar selbst schon einmal erlebt. Stundenlang grübeltest Du am Schreibtisch über einer Lösung für Dein Problem. Du hast Mindmaps erstellt und im Internet recherchiert. Du hast Dein Thema von allen Seiten beleuchtet und kamst doch nicht auf die Lösung. Irgendwann gingst Du dann mehr oder weniger entmutigt zum Joggen und plötzlich, als Du gerade zwischen grünen Wiesen der blutrot untergehenden Sonne entgegenliefst, begleitet von Vogelgezwitscher und Grillenzirpen, kam Dir der ersehnte Geistesblitz. »Ja, klar! Das ist die Lösung. Wieso bin ich da nicht vorher drauf gekommen?« Die besten Ideen kommen uns dann, wenn wir es am wenigsten erwarten, beim Sport, unter der Dusche oder beim Kochen. Und jetzt kommt das Beste: Wir erleben das, was wir tun, nicht nur als sinnvoll, sondern sind auch noch glücklich!

Ausnahmeathlet

Ein Profisportler ist vermutlich der Inbegriff für Zielfokussierung und manchmal auch für Verbissenheit. Doch auch hier zeigen immer wieder Sportler auf absolutem Weltklasseniveau, dass das Entscheidendste an der ganzen Sache das Spiel ist. Der derzeit vermutlich beste Fußballer der Welt, Lionel Messi, hat es einmal ziemlich treffend auf den Punkt gebracht: »Fußball ist ein Spiel. Ich versuche Spaß auf dem Spielfeld zu haben und einfach nur zu spielen. Deshalb tue ich das. An dem Tag, an dem ich keinen Spaß mehr habe, höre ich auf.« Ihm geht es weniger ums Ergebnis, er will einfach Spaß an der Sache haben. Genau das geht aber immer mehr verloren. Der Spaß muss der Effizienz und Ökonomie weichen, dabei sind Spaß und Spiel die Hauptgründe dafür, wieso beispielsweise Messi zu einem solchen Ausnahmespieler wurde. Ob in der Wirtschaft oder im Sport, diese Entwicklung ist immer häufiger zu beobachten. Auch Messi beklagt das: »Heutzutage spielen die Mannschaften eher statisch, schauen mehr auf das Ergebnis, wollen nicht unbedingt guten Fußball spielen. Für sie ist es wichtiger zu gewinnen, als gut zu spielen. Wir brauchen mehr Fußballer mit Leidenschaft zum Wohl des Fußballs.« Zum Wohl des Fußballs! Zum Wohl der Firma. Zum Wohl der Menschen. Weil wir mehr Output erreichen wollen, verzichten wir zunehmend auf das Spiel und werden dadurch nicht nur immer unglücklicher, sondern damit geraten auch die Kreativität und damit der Fortschritt ins Stocken. Die Leichtigkeit und Unbeschwertheit eines Kindes wären für unsere persönliche Entwicklung oft wichtiger als ein weiteres Zeitmanagement-Seminar am Wochenende. Oder um es mit den Worten von Lionel Messi abzuschließen: »Ein Junge, ja, das möchte ich weiter sein. Ein Junge, der unbeschwert dem Ball hinterherläuft.«

»Man ist erst erwachsen, wenn man sich traut,
kindisch zu sein.«

Just play

Gerade in anspruchsvollen Situationen oder Krisen verlieren wir unsere Leichtigkeit und verfallen in den berühmt-berüchtigten Tunnelblick. Das macht nicht nur wenig Spaß, sondern unsere Leistung leidet darunter deutlich. Solange wir uns in einem Angstzustand befinden, kann unser Gehirn nicht mehr in vollem Umfang auf unsere Netzwerke, also auf unsere Stärken, zugreifen. In meiner Karriere war ich lange Zeit sehr verbissen. Dass ich damit immer noch regelmäßig heftig gescheitert bin, haben diverse Wettkämpfe gezeigt.

Die Situationen, in denen ich es besonders gut machen wollte, waren nicht selten die, in denen fast gar nichts geklappt hat. Nachdem ich in den Jahren 2013 und 2014 Vize-Europameister auf der Ironman 70.3-Strecke geworden war (1,9 Kilometer Schwimmen, 90 Kilometer Radfahren, 21 Kilometer Laufen), wollte ich es 2015 unbedingt wissen und scheiterte beim Versuch, Europameister zu werden, grandios – wie Du ja bereits weißt. Alles, was ich im Kopf hatte, war der Sieg. Am Ende war ich am Boden zerstört und habe mir noch am selben Tag geschworen, nie wieder in Wiesbaden bei der EM zu starten.

Nachdem dann 2016 das Langdistanzrennen bei der Challenge Roth (3,8 Kilometer Schwimmen, 180 Kilometer Radfahren, 42 Kilometer Laufen) eher durchwachsen ausfiel und vier Wochen danach die Europameisterschaft anstand, kam ich spontan auf den Gedanken, es vielleicht doch noch mal zu versuchen. Nach Rücksprache mit meinem Trainer entschloss ich mich, an den Start zu gehen. Aber statt mir das Ziel zu setzen, Europameister zu werden, wollte ich einfach nur Spaß haben. Ich wollte mir ein paar Wochen vor dem Start des Ironman auf Hawaii die Leichtigkeit zurückholen.

Am Morgen des Wettkampftages stand ich gut gelaunt an der Startlinie, als ich Julian Beuchert neben mir bemerkte – den Athleten, der 2014 bei der EM vor mir ins Ziel kam und der sich 2015 den Weltmeistertitel geschnappt hatte, den eigentlich ich gewollt hatte. Ich verstand mich super mit ihm, obwohl er mein größter Konkurrent war. Was mich aber am meisten erstaunte, war die Tatsache, dass mich seine Anwesenheit an diesem Tag nicht sonderlich beunruhigte. Ganz im Gegenteil, ich freute mich wie ein kleiner Junge darauf, dass es endlich losging und wir »spielen« durften.

Was dann in den nächsten knapp viereinhalb Stunden folgte, ist schwer zu beschreiben. Gefühlt hatte ich ein Dauergrinsen im Gesicht und jedes Mal, wenn ich in einer schwierigen Phase drohte, in den Tunnel abzurutschen, habe ich mir selbst immer wieder gesagt: »Just play the game!« Ich flog förmlich über die Radstrecke und auch beim Laufen überraschte es mich selbst, mit welcher Leichtigkeit ich die 21 Kilometer hinter mich brachte. Meine Mutter, die mich bei Wettkämpfen regelmäßig unterstützt, rief mir dieses Mal auf der Strecke keine Zeiten zu, sondern erinnerte mich mit den Worten »Florian, play!« Runde für Runde daran, einfach nur zu spielen.

Am Ende sprang mit dem Europameistertitel nicht nur mein größter sportlicher Erfolg dabei heraus, sondern es war das perfekteste Rennen, das ich je bestritten habe. Um meiner Freude Ausdruck zu verleihen, kniete ich mich vor Hunderten Zuschauern auf die Ziellinie und küsste sie. Dieses Foto wurde übrigens wenige Wochen später in der größten Triathlon-Zeitschrift Europas unter der Kategorie »Schönste Zieleinläufe« abgedruckt. Natürlich war ich im Ziel überglücklich, wie man auf den Fotos unschwer erkennen kann, aber gar nicht so sehr, weil ich gewonnen hatte, sondern weil ich den Spaß am Spiel wieder entdeckt hatte.

Gerade in Krisen brauchen wir das Spiel, um die lähmende Angst zu verlieren und Kreativität und Leichtigkeit zurückzugewinnen. Entscheidend dabei ist die Zweckfreiheit der Tätigkeit. Dabei zählt in erster Linie nicht das Ergebnis, sondern viel mehr die Tätigkeit an sich. Es geht darum, alles um sich herum zu vergessen und voll und ganz in der Tätigkeit aufzugehen, wie ein kleines Kind, das beim Spielen im Sandkasten das Essen und Trinken vergisst. In der Psychologie nennt man diesen Zustand »Flow«, also absolute Selbstvergessenheit. Lass es zu und höre auf, darüber nachzudenken, ob das, was Du da gerade tust, sinnvoll ist oder ob es Geld bringt. Fahre Ski, ohne darüber nachzudenken, wie oft Du den Berg hinunter fahren musst, damit sich der Tagespass lohnt. Bewundere ein Feuerwerk, ohne ständig zu überlegen, wie teuer das wohl gewesen sein mag. Und geh zum Laufen, ohne ständig umzurechnen, wie viele Kalorien Du bereits verbrannt hast. Genieß es einfach und hab Spaß am Spiel!

Ironman 70.3 Europameisterschaft – Es ist nur ein Spiel ©FinisherPix.com

Hang loose

Nach jahrelangem Training und einer teilweise sehr verbissenen Einstellung war es 2016 endlich so weit: Ich hatte mich für den Ironman Hawaii qualifiziert, eine der größten sportlichen Herausforderungen überhaupt. Nur 2000 Athleten weltweit dürfen dort an den Start, und es erfordert absolute Höchstleistungen, sich für dieses Rennen zu qualifizieren und es dann auch durchzustehen. Ich war etwa fünf Wochen vor dem Wettkampf auf Big Island, der größten der acht Hauptinseln, angereist, um mich frühzeitig zu akklimatisieren. Doch während der Vorbereitung auf das Rennen fiel mir etwas ganz Erstaunliches auf. Wie Du sicher schon einmal gehört hast, sind die Hawaiier nicht unbedingt dafür bekannt, dass sie zu Stress neigen.

Dabei sind sie ganz sicher nicht faul. Sie haben schlicht und ergreifend eine komplett andere Lebenseinstellung, die man nicht nur auf der Straße und in den Geschäften sieht, sondern die man auf der ganzen Insel spürt.

Vor meiner Abreise hatte ich von vielen anderen Triathleten, die bereits auf Hawaii waren, von der Energie, die diese Insel ausstrahlt, gehört. Für mich klang das ziemlich esoterisch, was aber vermutlich daran lag, dass ich es mir nicht vorstellen konnte. Wir sind so etwas einfach nicht gewohnt. Wenn man in München am Stachus steht, dann spürt man dort keine Energie, und wenn man am Montagmorgen den Menschen in der S-Bahn in die Augen sieht, dann hat man manchmal das Gefühl, lebende Tote anzuschauen.

Je länger ich auf der Insel war, desto mehr spürte ich diese Energie, die sich ehrlich gesagt auch nicht wirklich beschreiben lässt. Es ist ein Gefühl aus Freiheit, Leichtigkeit und Lebensfreude. Dieser Spirit der Hawaiianer zeigt sich auch in ihrer Kommunikation. Wo man auch hingeht, wird man mit dem Wort »Aloha« begrüßt, was so viel heißt wie Liebe, Mitgefühl, Freundlichkeit oder Sympathie. Dieser Gruß wird oft noch von der sogenannten Shaka-Handhaltung begleitet, bei der Daumen und kleiner Finger von der Hand abgespreizt werden, was dann so viel bedeutet wie »Hang loose«, also »bleib locker«, »nimm das Leben nicht so schwer«. Auf den ersten Blick scheinen das zwei sehr gegensätzliche Einstellungen zu sein: einerseits absolute Spitzenleistung, andererseits diese Gelassenheit. Tatsächlich schließt sich beides nicht aus, ganz im Gegenteil: Die große Kunst besteht darin, beides zu vereinen. Und tatsächlich ranken sich viele Geschichten um Triathleten, die nicht an diesen Aloha-Spirit und die Energie der Insel geglaubt hatten, bis sie ihn selbst einmal im Rennen erleben durften. Nicht umsonst heißt es: »Auf Hawaii wirst Du nie Erfolg haben, wenn Du gegen die Insel kämpfst. Du musst eins mit ihr werden.«

Mit dem Aloha-Spirit durch die Lava-Hölle Hawaiis ©FinisherPix.com

Wer Erfolg hat, muss Party machen!

Sich mit den verschiedenen Stressarten zu beschäftigen und der Frage nach-zuspüren, wie unterschiedlich Menschen mit Stress umgehen, führt zu wirk-lich spannenden Entdeckungen. Interessanterweise geht es weniger darum, Stress zu vermeiden, sondern wie man damit umgeht. Vermutlich kennst auch Du Menschen, die ständig versuchen, jeder Form von Stress aus dem Weg zu gehen und dadurch immer noch gestresster werden. Denn Stress gehört einfach zu unserem Leben dazu. Immer wieder wird es Situationen geben, in denen uns das Leben eine Breitseite verpasst: Ein guter Freund stirbt. Wir verlieren unseren Job. Wir sind pleite. Und so weiter, und so fort. Wer in solche Situationen gerät, hat bestenfalls Ressourcen zur Verfügung, die helfen, mit diesem Stress klarzukommen. Gehen wir jedoch ständig jeder Form von Stress und Anstrengung aus dem Weg, können sich diese Widerstandsressourcen niemals entwickeln. Kurz und knapp bedeutet das für die Praxis: Der Umgang mit Stress muss trainiert werden.

Daher möchte ich Dir zeigen, wie Du mit Stress nicht nur richtig umgehen, sondern wie Du dadurch sogar glücklich werden kannst.

Zu Beginn jeder Saison überlegte ich mir immer, welche Wettkämpfe ich bestreiten wollte und welche Platzierung ich dabei anstrebte. Auf dem Weg zum Ziel schüttete mein Körper regelmäßig eine Substanz aus, die sich Dopamin nennt. Dieses Hormon versetzt uns in gute Stimmung und sorgt dafür, dass wir am Ziel festhalten, den Stress ertragen und nicht aufgeben – nach dem Motto »Bleib dran!« Je reizvoller das Ziel, desto intensiver die Dopamin-Ausschüttung. Sobald ich über die Ziellinie lief, schüttete mein Körper eine weitere Substanz aus, diesmal Endorphine. Das ist der Stoff, der uns dieses euphorische Gefühl gibt »Yes, ich hab es geschafft!« In den Tagen nach dem Wettkampf gesellt sich dann schließlich die letzte Substanz hinzu, nämlich das Serotonin. Dieses Hormon lässt uns den Erfolg genießen und bringt uns in einen wohligen Zustand, in dem wir uns entspannen.

Zu diesem Konzept gibt es aber ein paar wichtige Anmerkungen. Dopamin wird nur dann ausgeschüttet, wenn wir ein Ziel haben, und das brauchen wir, damit irgendwann überhaupt Endorphine ausgeschüttet werden können. Ohne Dopamin kein Endorphin. Ohne Ziel kein Glücksgefühl. Ein mögliches Problem: Man wird dopaminsüchtig und schwankt nun ständig zwischen Dopamin und Endorphinen hin und her. Man hetzt von einem Ziel zum nächsten, ohne Pause und ohne Entspannung. Durch diese Rastlosigkeit gibt man auf der einen Seite seinem Körper nicht die notwendige Pause und kann auf der anderen Seite seine Erfolge auch nie wirklich genießen. Deswegen lautet eine Faustformel: Wer Erfolg hat, muss Party machen! Aber Achtung: Ist man bei der Party angekommen und danach vielleicht im Entspannungsurlaub, muss man darauf achten, nicht in den Serotoninschlaf zu verfallen.

Mir fiel der Einstieg nach der zweiwöchigen Trainingspause im Anschluss an einen Wettkampf meistens extrem schwer. Ich habe mindestens genauso lange gebraucht, bis ich mein neues Ziel vor Augen hatte und mein Körper wieder Dopamin ausschüttete. Bleibt man im Serotoninstatus, fühlt sich das zwar entspannt an, aber definitiv nicht mehr lebendig. Wer einmal verstanden hat, wie dieser Kreislauf funktioniert – Dopamin, Endorphin, Serotonin und dann wieder von vorne – schafft damit die besten Voraussetzungen dafür, erfolgreich mit großen Herausforderungen und somit mit Stress umzugehen.

Solltest Du also beim nächsten Mal in eine Situation kommen, in der Du Stress empfindest, dann kannst Du ganz einfach nach folgendem Schema vorgehen.

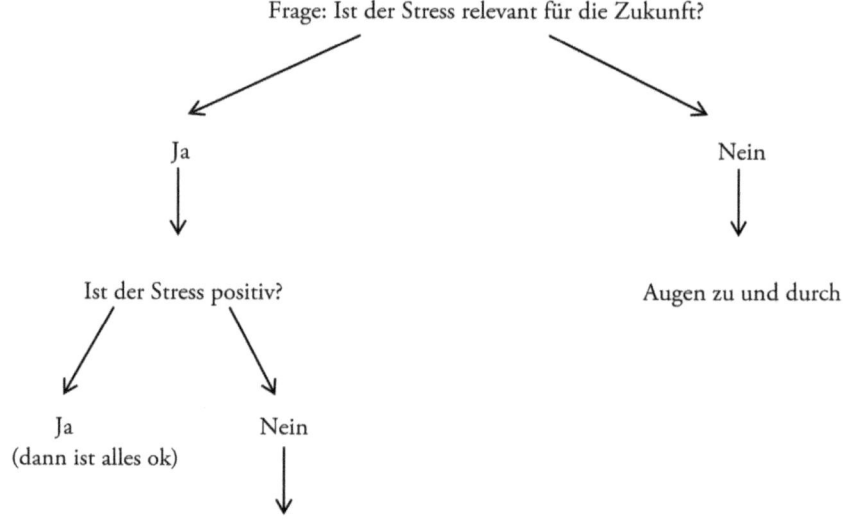

Frage: Ist der Stress relevant für die Zukunft?

Ja → Ist der Stress positiv?

Nein → Augen zu und durch

Ja (dann ist alles ok)

Nein → Dem Stress auf den Grund gehen.

Sich über etwas zu ärgern oder Energie auf etwas zu verschwenden, was man sowieso nicht ändern kann und was auch nicht relevant für unsere Zukunft ist, bringt gar nichts. Genauso ungünstig ist es allerdings auch, einen Stressfaktor, der Einfluss auf unsere Zukunft hat, einfach wegzuschieben und so zu tun, als wäre er nicht existent. Denn meistens ist es gerade die Langfristigkeit, die uns wirklich stresst, sei es der Job für die nächsten 30 Jahre, der uns keinen Spaß macht, die Beziehung, in der wir unglücklich sind oder der ungesunde Lebensstil, der uns bis zum Lebensende verfolgt. Spätestens bei solchen Stressoren ist Wegdrücken nicht mehr das adäquate Mittel. Hier ist Veränderung notwendig, um daran nicht kaputt zu gehen.

Der Stift zum Glück

An manchen Tagen läuft einfach alles verkehrt. In der Früh steht man schon mit dem falschen Fuß auf und schlägt sich als erstes den Zeh am Schrank an. Solche Tage kennt wohl jeder. Aber es gibt einen Instant-Trick, mit dem man sich von der schlechten Laune befreien kann. Keine Sorge, es hat nichts mit Esoterik oder Teebeutelschwingen zu tun, sondern mit der schlichten Tatsache, dass unser Betriebssystem ziemlich pragmatisch programmiert ist. Sobald wir die Mundwinkel nach oben ziehen, drückt ein Muskel auf einen Nerv, und der Körper schüttet Endorphine, also Glückshormone aus. Das ist wissenschaftlich bewiesen. Den Trick mit dem Stift habe ich Dir ja bereits verraten: Einfach den Stift zwischen die Zähne klemmen, eine Minute lang die Mundwinkel nach oben ziehen, und prompt schüttet der Körper Glückshormone aus. Ganz einfach. Du wirst dadurch vielleicht keine Freudensprünge machen, aber doch den ersten Schritt, um Deine schlechte Laune zu ändern.

Gute Laune gefällig? Nimm Dir einen Stift!

Möglicherweise findest Du das albern oder denkst, dass man sich damit doch nur selbst belügt. Mag sein, aber was machen denn die meisten Menschen in der Früh? Sie werfen einen Blick in den Spiegel und denken sich: »Meine Güte, schau ich fertig aus!« Dann ziehen sie eine Grimasse, sodass sie noch fertiger aussehen, und dann wundern sie sich, warum an diesem Tag alle anderen Leute mies zu ihnen sind. Spiegelneuronen, Du erinnerst Dich. Wir haben es selbst in der Hand, was wir aus unserem Tag machen!

»Wer in der Früh zerknittert aussieht, hat über den
Tag verteilt viele Entfaltungsmöglichkeiten.«
(Heinz Rühmann)

Du glaubst mir nicht, dass gute Laune in der Früh ansteckend sein kann? Dann schaue Dir folgendes Video an:

https://www.youtube.com/watch?v=1veWbLpGa78_

Am Anfang denkst Du vielleicht: »Ach, ich hab' da jetzt keinen Bock drauf. Ist doch lächerlich!« Aber wenn Du das eine Zeit lang künstlich machst, fängst Du irgendwann tatsächlich an zu lachen, und zwar ganz ohne Grund. Das mag Dir neu sein, aber ja, man kann auch völlig grundlos lachen. »Ein Tag ohne Lachen ist ein verlorener Tag,« wusste schon Charlie Chaplin.

Das Leben ist zu kurz, um ernst zu sein

Wie so viele andere Dinge kann man sich auch diese Leichtigkeit antrainieren. Man muss es nur oft genug tun. Zugegeben, in Deutschland passt Du besser ein bisschen auf, wen Du in der Öffentlichkeit einfach so anlächelst, da wird sonst schnell mal der Notarzt gerufen. Aber probiere es doch irgendwo aus, wo Du sicher bist, zum Beispiel im Auto. Wenn Du mal wieder auf deutschen Autobahnen unterwegs bist, und es nähert sich von hinten einer dieser vielen rücksichtsvollen Autofahrer mit Lichthupe, dann wechsle einfach ganz entspannt auf die rechte Spur, greif zum Stift, der ab sofort in Deinem Handschuhfach liegt, und klemm ihn Dir zwischen die Zähne. Zieht dieser Autofahrer dann mit hochrotem Kopf und schimpfend an Dir vorbei, blicke mit Deinem Stift zwischen den Zähnen ganz entspannt nach links und zeige ihm das Shaka-Zeichen. Glaub mir, eine pädagogisch wertvollere Maßnahme gibt es nicht. Probiere es aus! Du kannst nur gewinnen, denn erstens schüttest Du Glückshormone aus und zweitens erkennt auch Dein Umfeld auf einmal, dass das Leben viel zu kurz ist, um ernst zu sein.

Lachen und Humor sind so ein exzellenter Dünger im Garten des Lebens und lassen uns vor allem auch schwierige Momente mit einer gewissen Leichtigkeit meistern, und das ganz unabhängig vom Alter. Ein guter Freund hat mir eine Geschichte erzählt, die beweist, dass es für Humor tatsächlich keine Altersbeschränkung gibt. Sein Opa ist 83 Jahre und kauft sich jedes Jahr einen neuen Mercedes. Dafür fährt er dann mit dem alten Wagen extra ins Mercedes-Hauptwerk nach Stuttgart und holt den Neuwagen ab. Letztes Jahr hat er das wieder getan. Da spricht der Verkäufer ihn an und sagt. »Also, Herr Maier, ich möchte Ihnen ja nicht zu nahe treten, aber das wird wohl Ihr letzter Neuwagen sein.« Darauf Herr Maier, wohlgemerkt im Mercedes-Hauptwerk in Stuttgart: »Wieso? Macht ihr zu?«

Diese Geschichte ist für mich der beste Beweis dafür, dass Humor erstens nicht vom Alter abhängig ist und zweitens, dass man mit Humor selbst die eigene Sterblichkeit mit einer gewissen Leichtigkeit sehen kann.

6. Rückschläge –
Niemals aufgeben. Nie, nie, nie!

Wie wir das lieben! Wie sehr es uns befriedigt zu sehen, wie andere scheitern, ob es Pannenclips in Youtube-Videos mit millionenfachen Klicks sind, Geschichten über gescheiterte Unternehmer oder einfach nur der Clown im Zirkus, der auf die Nase fällt. Wenn andere versagen, unterhält uns das, aber selbst erleben wollen wir das bitte lieber nicht. Wo in Amerika Misserfolge sportlich genommen werden, ja sogar als Qualitätsmerkmal eines erfolgreichen Unternehmers gelten, geht hierzulande die Angst um, durch ein Scheitern aus der Gemeinschaft ausgeschlossen zu werden. Auf der einen Seite sind wir Deutschen für unseren Drang zum Perfektionismus bekannt, auf der anderen Seite haben wir ein massives Problem, mit Niederlagen umzugehen. Das ist ziemlich grotesk, denn Scheitern ist nicht das Gegenteil von Erfolg, es ist ein Teil davon. Es passiert also täglich, doch die wenigsten sprechen darüber. Trotzdem wird jeder von uns früher oder später mit Niederlagen, Schicksalsschlägen oder Rückschlägen konfrontiert.

Im Mai 2012 verunglückte ein guter Freund von mir auf tragische Weise tödlich bei einem Treppensturz. Bei der Beerdigung war der Anblick der beiden Kinder und der Ehefrau neben dem Sarg ihres Vaters und Ehemann nur schwer zu ertragen. Bei der Predigt bezog sich der Pfarrer auf das Lied »Der Weg« von Herbert Grönemeyer. »Es war ein Stück vom Himmel, dass es Dich gibt. […] Nichts war zu spät, aber vieles zu früh […] Dein unbändiger Stolz. Das Leben ist nicht fair.«

»Das Leben ist nicht fair.« Vermutlich hat selten ein Satz so gut gepasst wie in diesem Moment. Man kann die Brutalität, mit der das Leben manchmal auf uns einschlägt, nicht in Worte fassen. Aber nicht nur dieser Satz beschäftigte mich stark, sondern vor allem die Frage, wie die Familie es schaffen konnte, daran nicht kaputtzugehen.

»Ich werd' Dir jetzt was sagen, was Du schon längst weißt. Die Welt besteht nicht nur aus Sonnenschein und Regenbogen. Sie ist oft ein gemeiner und hässlicher Ort. Und es ist ihr egal, wie stark Du bist, sie wird Dich in die Knie zwingen und Dich zermalmen, wenn Du es zulässt. Du und ich – und auch sonst keiner – kann so hart zuschlagen wie das Leben! Aber der Punkt ist nicht der, wie hart einer zuschlagen kann. Es zählt bloß, wie viele Schläge man einstecken kann und ob man trotzdem weitermacht. Wieviel man einstecken kann und trotzdem weitermacht. Nur so gewinnt man!« (Filmzitat aus »Rocky Balboa«)

Ob private, berufliche oder sportliche Schicksalsschläge, jeder von uns wird in seinem Leben früher oder später mit Situationen konfrontiert, in denen man sich denkt: Das Leben ist nicht fair. Richtig, das Leben ist oft nicht fair. Das Leben wirft uns oft Herausforderungen vor die Füße, nach dem Motto »Sieh zu, was Du daraus machst! Mal sehen, ob Du daran zerbrichst oder nicht.«

Vor solchen Situationen wegzulaufen oder sie gar zu vermeiden, wird nicht funktionieren. Vielmehr geht es darum zu lernen, damit umzugehen. Resilienz, wie die Fähigkeit, mit schwierigen Situationen klarzukommen, in der Fachsprache bezeichnet wird, ist damit nicht nur ein Karrierefaktor, sondern vor allem ein wahrer Energy Booster fürs »echte Leben«. Die entscheidende Frage lautet daher: Was macht mich resilient? Wie werde ich zum Stehaufmännchen? Du ahnst es schon: Auch das kann man trainieren!

Das Leben findet außerhalb der Komfortzone statt

Kennst Du das Gefühl, wenn Du vor einer Gruppe Menschen sprechen sollst? Die meisten haben Angst davor, kommen ins Schwitzen, der Puls rast. Tatsächlich gibt es nur wenige Dinge, vor denen Menschen mehr Angst haben, als davor, einen Vortrag zu halten. Dieser Zusammenhang wurde sogar bereits wissenschaftlich untersucht. Bei der Frage nach den größten Ängsten landete auf Platz 1 »Vorträge halten« und erst auf Platz 2 die Angst vor dem Tod. Im übertragenen Sinne bedeutet das, dass bei einer Beerdigung derjenige, der im Sarg liegt, besser dran ist, als derjenige, der die Grabrede hält.

Warum erzähle ich Dir das? Im Rahmen meiner Rednerausbildung bekam ich auch Schauspielunterricht, und zwar von zwei professionellen Schauspieltrainern, also Profis, von denen man richtig was lernen konnte. An dem Workshop nahmen 80 weitere Teilnehmer teil. Die erste Aufgabe des Tages bestand darin, dass sich 10 Freiwillige melden sollten, die über den Tag verteilt ein paar Impressionen sammeln und dann am Ende des Tages eine 15-minütige freie Rede halten würden. Ich traute mich nicht, mich zu melden, und das ärgerte mich. Also ging ich in der Kaffeepause zu den beiden Trainern und sagte: »Ich habe einen großen Fehler gemacht, ich wäre heute gerne der Elfte, der seinen Vortrag hält. Wäre das möglich?« Die beiden schauten sich an und schmunzelten. Da hätte ich eigentlich schon misstrauisch werden sollen. Ihre Antwort: »Ja, Du sollst die Chance bekommen.«

Auf der einen Seite war ich erleichtert, auf der anderen Seite aber natürlich auch ziemlich angespannt. Der Workshop ging weiter und einer der Trainer ergriff das Wort: »Wir hatten jetzt gerade jemanden da, der heute auch noch gerne seinen Vortrag halten möchte. Das war der Florian.« Er hielt kurz inne, und ich nickte ihm zu. Diese Pause werde ich garantiert nie vergessen. Er wartete und sagte dann: »Ok, Florian, the stage is yours. Die Bühne gehört Dir!«

Jetzt stell Dir einfach mal vor, wie das ist: vor 80 Teilnehmern zu stehen, die nicht nur darauf achten, was Du sagst, sondern auch noch, wie Du es sagst. Zwei Schauspieltrainer neben Dir, die außerdem genau aufpassen, wie Du Dich bewegst und wie Du Deine Mimik und Deine Gestik einsetzt. Ich stand total unter Stress, wusste nicht mehr, wo oben und unten ist und hatte tischtennisballgroße Schweißperlen auf der Stirn. Erst versuchte ich, mich irgendwie zu sortieren, ging nach vorne und stellte mich locker und lässig hin. Ich dachte, das kommt immer gut. Aber ich konnte keinen einzigen Satz zu Ende sprechen. Die beiden haben mich aufs Feinste filetiert, oder vielmehr, sie haben mich durch den Fleischwolf gedreht. Im Raum war es mucksmäuschenstill, man konnte eine Stecknadel fallen hören. Die Teilnehmer hatten die Faust zwischen den Zähnen, und vermutlich dachten sie alle: »Ach Du liebe Zeit, was passiert da gerade?«

Nach 20 Minuten hatte ich das Martyrium überstanden. Jedenfalls dachte ich das und machte mich auf den Weg zurück zu meinem Platz. Doch plötzlich brüllte Jim aus dem Hintergrund, der nur Englisch konnte: »Florian, stop it! Now start again!« Fang nochmal an! Ich ging zu Hendrik, der auf der anderen Seite der Bühne stand, und sagt: »Hendrik, weißt Du was? Macht mit mir, was Ihr wollt! Ich hab mittlerweile den Tod akzeptiert!« Ganz ehrlich, so ein heftiges Coaching hatte ich noch nie erlebt. Gleichzeitig war es aber auch das beste Coaching meines Lebens – und fast hätte ich diese Chance verstreichen lassen, weil ich mich nicht traute, meine Komfortzone zu verlassen. Ich wollte schlicht und ergreifend nicht scheitern, und schon gar nicht in der Öffentlichkeit.

Wir haben uns unser Leben schön angenehm in unserer Komfortzone eingerichtet. Unsere täglichen Aufgaben wie Arbeiten, Autofahren und so weiter kosten uns nicht viel Überwindung, sie laufen routinemäßig ab. Aber war das schon immer so? Vielleicht erinnerst Du Dich noch an Deine erste Fahrstunde. Warst Du aufgeregt? Und dachtest Du nicht vielleicht, dass so ein Führerschein doch eigentlich überbewertet wird? Oder welche Gedanken gingen Dir an Deinem ersten Arbeitstag durch den Kopf? »Werde ich da akzeptiert?« »Mache ich mich vielleicht lächerlich?« »Was ist, wenn der Chef mich nicht mag?«

Ganz gleich, in welchem Bereich, wirklicher Fortschritt findet immer (!) nur dann statt, wenn wir regelmäßig unsere Komfortzone verlassen. Allerdings liegt zwischen Komfortzone und Fortschritt immer noch diese Panikzone, also die Phase, in der wir mit uns ringen, ob wir es wirklich tun sollen. Diese Phase entscheidet darüber, ob wir einen Rückzieher machen oder nicht. Haben wir diese Panikzone einmal hinter uns gelassen, gibt es kein Zurück mehr. Sorge also dafür, dass Du schnellstmöglich da durchkommst, und zwar indem Du eine Entscheidung triffst, bevor Dein Hirn denken kann.

Einer meiner Mentoren meinte einmal zu mir: »Florian, ich bewundere die Schnelligkeit und Radikalität, mit der Du Entscheidungen triffst.« So habe ich mir beispielsweise angewöhnt, mich in Situationen, in denen es darum geht, seine Ergebnisse oder Erfahrungen einer Gruppe zu präsentieren, bereits zu melden, bevor der Seminarleiter die Frage überhaupt beendet hat. »Meine Damen und Herren, wer von Ihnen möchte damit beginnen, seine Ergebnisse der Gruppe zu präs ...« Spätestens jetzt muss die Hand oben sein! Denn sobald die Frage fertig formuliert ist, beginnt das Hirn zu arbeiten: »Soll ich wirklich?« »Kann ich das?« »Lachen mich die anderen aus?« Ich kann Dich beruhigen, allen anderen geht es genauso. Habe ich mich in einer solchen Situation entschieden, meldet sich meist kurz darauf der Gedanke: »Bist Du bescheuert? Warum hast Du bloß die Hand gehoben?« Aber die Entscheidung ist getroffen, und es gibt keinen Weg mehr zurück.

Wann immer Du die Möglichkeit hast, Deine Komfortzone zu verlassen – tu es! In den wenigsten Fällen geht es um Leben und Tod, sondern schlicht darum, sein Potenzial zu nutzen. Du hast nichts zu verlieren. Ganz im Gegenteil: Je öfter Du diese Panikzone durchschreitest, desto leichter fällt es Dir beim nächsten Mal. Umgekehrt gilt das allerdings auch: Je öfter Du in der Panikzone einen Rückzieher machst, desto wahrscheinlicher überwindest Du Dich niemals.

Scheitern? Nur zu!

Fassen wir noch mal zusammen: Dein Potenzial zu nutzen, ist nur dann möglich, wenn Du Deine Komfortzone verlässt, auch wenn das manchmal nicht so funktioniert wie gewünscht.

Dummerweise haben wir in Deutschland keine Kultur des Scheiterns etabliert – und das ist ein Problem! Einerseits wird von uns erwartet, mit Niederlagen umgehen zu können, andererseits dürfen aber keine Fehler gemacht werden. Doch wie soll man lernen, wieder aufzustehen, wenn man nie auf die Schnauze fällt?

2015 war für mich eine ganz besondere Saison. Nach zwei Vize-Europameister-Titeln und zwei erfolgreichen WM-Teilnahmen wollte ich endlich Europameister und Weltmeister werden. Bei der EM lief alles nach Plan, und nach zwei Dritteln der Radstrecke lag ich mit fünf Minuten in Führung. Auf einmal machte es pfff, und der Reifen war platt. 90 Kilometer Radstrecke, und ich fahre genau über diesen einen kleinen Nagel, der da auf der Straße liegt. Natürlich war ich enttäuscht, aber ich dachte mir: »Was soll's? Du warst fit und hattest einfach nur Pech. In drei Wochen ist Weltmeisterschaft in Zell am See, da kannst Du dann zeigen, was Du drauf hast.«

Wie das Rennen in Zell am See drei Wochen später ausgegangen ist, habe ich Dir ja bereits erzählt. Nachdem ich über die Ziellinie gelaufen war, trugen die Ersthelfer meinen ausgepumpten Kadaver – viel mehr war das ja nicht mehr – aus dem Zielbereich. Da saß ich dann mitten unter Tausenden Menschen und heulte wie ein kleiner Junge, mit einer großen Flasche Bier in der Hand. Das war vielleicht der bitterste Moment meiner Sportlerkarriere. Da kämpfst Du jahrelang für einen Moment, bei jedem Wetter, egal wie es Dir geht, und dann scheitert Dein Traum auf diese brutale Weise. Ich hatte mit aller Kraft versucht, diesen Traum doch noch wahrzumachen. Ich wollte einfach nicht realisieren, dass er zum Scheitern verurteilt war. Aber ein Traum lässt sich nicht zwingen. Es ist, als wenn Du versuchst, feinen Sand in der Faust zu halten. Je fester Du drückst, desto mehr kannst Du spüren, wie er Dir immer weiter entrinnt.

So dunkel dieser Moment in meiner Karriere auch war, rückblickend betrachtet hätte mir als Sportler nichts Besseres passieren können. Denn wieder einmal wurde mir bewusst, dass es ok ist zu scheitern. Es ist auch ok, am Boden zu liegen und sogar mal zu heulen. Aber eins darf man niemals tun: Aufgeben! Nie, nie, nie! Denn nicht das Scheitern ist das Problem, sondern das Aufgeben. Was einen erst wirklich zufrieden macht, sind nämlich nicht die Momente, in denen alles perfekt läuft, sondern die, in denen man kämpft und sich überwindet. Das macht die Angelegenheit erst so richtig, richtig wertvoll.

Welchen Wert hätte der Europameister-Titel 2016 für mich gehabt, wenn ich nicht drei Mal zuvor daran gescheitert wäre? Was wäre ein abgeschlossenes Projekt im Job wert, wenn man dafür nicht öfter mal richtig viel Energie hätte investieren müssen? Und welchen Wert hätte eine Beziehung, wenn man nicht ab und an darum kämpfen müsste? Aus einer Emotion heraus sollte man nichts, wirklich gar nichts hinwerfen, weder den Job, noch ein Hobby, noch eine Beziehung. Scheitern und Niederlagen als Teil des großen Ganzen zu akzeptieren, bilden die Basis für einen eisernen Willen. Nicht das Erhitzen, sondern das abrupte Abkühlen macht das Eisen erst so wirklich hart.

Finishline

Wir alle werden als Meister im Scheitern geboren und wieder zu Lehrlingen gemacht. Auch Du bist schon einmal ein Jahr lang massiv gescheitert. Ein ganzes Jahr lang hinfallen, aufstehen, hinfallen, aufstehen, hinfallen, aufstehen liegt hinter Dir. So lange, bis Du endlich laufen konntest. Wir können wahrscheinlich froh sein, dass wir das Laufen im Kindesalter lernen, sonst würden da draußen immer noch viele Menschen auf allen Vieren herumkrabbeln und jammern: »Jetzt bin ich schon zwei Mal hingefallen! Laufen ist nix für mich, ich bin eher so der Krabbeltyp.«

Wir haben Angst davor, den Gipfel nicht zu erreichen, und gleichzeitig fürchten wir uns vor dem Erreichen des Gipfels, weil wir dann möglicherweise erkennen müssten, dass danach nichts mehr kommt. Der finnische Leichtathlet Paavo Nurmi war einer der erfolgreichsten Olympioniken aller Zeiten, aber trotz seiner Erfolge war er nie zufrieden. Kurz vor seinem Tod sagte er: »Meine Bilanz ist nüchtern: Ich habe in meinem Leben nichts geleistet.« Einen Leistungssportler das sagen zu hören, klingt vielleicht seltsam, aber den Traum zu erreichen, ist gar nicht so entscheidend. Das ist nur noch das Sahnehäubchen auf dem Eis. Selbst wenn man seinen Traum dann am Ende doch nicht ganz erreicht: Eis ohne Sahne schmeckt doch immer noch ziemlich geil, oder?

Der Ironman Hawaii war für mich eine Challenge, die mich geformt hat. Manche meinen vielleicht, ich sei ein verrückter Masochist. Doch wenn sie wüssten, wie ich dahin gekommen bin, würden sie verstehen, dass ich nur ein ängstliches Kind war, das irgendwann den Drive und die Leidenschaft gefunden hat, jemand zu werden, der mehr und besser war, als es das je für möglich gehalten hätte.

Wenige Tage nach der Weltmeisterschaft in Zell am See stieß ich auf ein Zitat, das ich erst Wochen später wirklich verstanden habe: »Im Leben geht's nicht darum, das Spiel zu gewinnen. Es geht darum, es zu meistern.« Gewinnen ist einfach! Am Boden zu liegen und wieder hochzukommen, das ist eine Kunst. Eine Kunst, die man lernen kann. Was Du durch das Erreichen Deines Ziels erhältst, zählt viel weniger als die Frage, wer Du dadurch wirst. Nicht das Ziel, sondern der Weg dorthin macht das Leben lebendig. Nicht der Abend vor dem Fernseher oder die Facebook-Timeline, sondern die Erlebnisse da draußen lassen uns vor Aufregung nicht mehr still sitzen. Wie haben es selbst in der Hand, wofür wir uns entscheiden. Doch wer sich immer alle Türen offen hält, wird sein Leben auf dem Flur verbringen – und da ist es definitiv nicht lebendig.

Erfolgreich scheitern

Wenn wir erfolgreiche Menschen beobachten, dann sehen wir meist eben nur ihren Erfolg. Wir sehen die Oscars, wir sehen die Olympiamedaillen, wir sehen erfolgreiche Manager mit Rolex-Uhr. Was wir aber selten sehen, sind die vielen, vielen Rückschläge und Niederlagen, die diese Menschen gemeistert haben. Der erfolgreichste Basketballspieler ist derjenige, der die meisten Würfe verfehlt hat, und der erfolgreichste Jongleur hat die meisten Teller fallen gelassen. »Ich habe in meiner Karriere mehr als 9000 Würfe verfehlt. Ich habe beinahe 300 Spiele verloren. 26 Mal wurde mir der entscheidende Wurf anvertraut, und ich habe nicht getroffen. Ich bin immer und immer wieder in meinem Leben gescheitert. Und das ist der Grund, warum ich erfolgreich geworden bin.« Dieser Satz stammt von niemand geringerem als von Michael Jordan, dem besten Basketballspieler aller Zeiten.

Zu wissen, dass andere auch scheitern, gibt Mut für die eigenen Vorhaben, aber wie kann man denn nun ganz konkret mit Rückschlägen fertig werden? Die folgenden Ideen sind keine 0815-Tipps, die man in jedem Motivationsbuch findet. Ich habe für Dich vielmehr meine persönlichen Erfahrungen und Beobachtungen darüber zusammengestellt, wie Profis in unterschiedlichsten Bereichen mit Niederlagen umgehen.

1. Liegen bleiben

In meinen Seminaren antworten viele Teilnehmer auf die Frage, was man denn als Erstes tun sollte, wenn man auf die Schnauze gefallen ist, ganz intuitiv: Aufstehen.

Aber aufstehen, schnell weiter machen und so tun, als sei nichts passiert, verhindert, dass Du aus Niederlagen lernst. Auf diese Weise wirst Du garantiert nicht widerstandsfähig, sondern verstärkst im Gegenteil sogar Deine Angst davor, erneut hinzufallen. Wenn Du Dir selbst nicht die Zeit gibst, darüber nachzudenken, wieso Du da gelandet bist, wo Du jetzt gerade bist – wie willst Du dann für die Zukunft daraus lernen? Es ist ok, hinzufallen. Es ist ok, am Boden zu liegen und auch mal zu weinen. Oder glaubst Du, Du machst Dich angreifbar, wenn Du Schwäche zeigst? Vielleicht denjenigen gegenüber, die es selbst nicht auf die Reihe bekommen, mit Rückschlägen umzugehen?

Schwächen zu zeigen, macht frei. Zum einen, weil die meisten Leute das nachempfinden können, und es zeigt Menschlichkeit. Und zum anderen, weil man sich selbst treu bleibt, ohne sich etwas vorzulügen nach dem Motto »Ist nicht so schlimm. Wird schon wieder.« Weinen ist erlaubt! Nach der Niederlage bei der Weltmeisterschaft in Zell hockte ich nach dem Rennen nicht nur heulend am Straßenrand, sondern war auch in den Folgetagen komplett am Boden zerstört und blieb quasi erst einmal ein paar Tage liegen.

2. Auf Stärken besinnen

Wie bereits im ersten Kapitel angesprochen, hat jeder Mensch mindestens eine oder sogar mehrere Stärken. Doch in Situationen, in denen man am Boden liegt, liegt uns nichts ferner als der Gedanke an die eigenen Stärken, ganz im Gegenteil. Wir sind voller Selbstzweifel und negativer Selbstgespräche. »Ich hab's einfach nicht drauf.« »Ich bin mir nicht sicher, ob ich da wirklich gut drin bin.« »Vielleicht sollte ich es einfach lassen.« Wir zweifeln an unseren Fähigkeiten, denn schließlich liegen wir am Boden, weil sie scheinbar eben doch nicht ausgereicht haben. Doch wir alle besitzen genügend Ressourcen, die uns dabei unterstützen weiterzumachen. Nachdem Du

Deinen Emotionen freien Lauf gelassen hast, ist es also durchaus sinnvoll, rational darüber nachzudenken, was Du wirklich gut beherrschst!

3. Für irgendetwas wird es schon gut sein

Das ist so ein typischer Mama-Satz, oder? »Mein Kind, für irgendwas wird's schon gut sein.« Und wie das mit Mamas Ratschlägen so ist: Meistens ist was Wahres dran. So banal dieser Satz auch klingen mag, er spendet vor allem Hoffnung, dass man irgendwann auf die Situation zurückblickt und dann darüber lachen kann. Die Hoffnung, dass sich alles wieder zum Guten wenden wird, ist in schwierigen Situationen elementar. Also denke an diesen Satz, egal wie bescheiden die Situation gerade sein mag.

4. Umfeld

Welch wichtige Rolle das Umfeld für unsere Entwicklung insgesamt spielt, hast Du ja bereits in Kapitel 3 erfahren. In schweren Momenten trifft das noch weit mehr zu. Da hilft es ganz sicher nicht, wenn sich jemand neben Dich stellt, während Du am Boden liegst und Dinge sagt wie: »Ist nicht so schlimm. Scheitern ist wichtig. Das macht Dich besser.« Solche Sätze will niemand hören, und sie bringen auch nichts. Mitleid von anderen ist total überflüssig, denn es gibt nur eine einzige Person, die dafür sorgen kann, dass Du Dich wieder aufrappelst: Du selbst! Jemand mit echtem Mitgefühl, der sich zu Dir auf den Boden setzt und von dem Du weißt, dass er einfach nur für Dich da ist – so jemanden brauchst Du. Denn in den schwersten Momenten des Lebens haben wir ja meistens das Gefühl, mit diesem Problem mutterseelen-alleine auf dieser Welt zu sein. So ging es mir auch nach meiner WM-Niederlage. Meine Mutter und ich saßen im selben Appartement und sprachen kein Wort. Reden hätte mir auch nicht geholfen. Aber allein ihre Anwesenheit gab mir das Gefühl, in dieser schwierigen Situation nicht alleine zu sein.

5. Handeln

Erst jetzt, im fünften und letzten Schritt, geht es darum, aufzustehen und ins Handeln zu kommen. Oft ist dabei gar nicht so entscheidend, welchen

Schritt Du zuerst gehst, Hauptsache, Du gehst los! Denn je länger Du am Boden bleibst, desto schwieriger wird es, wieder aufzustehen. Als ich nach der WM in Zell am See eine Woche lang komplett down war, habe ich mir Gedanken darüber gemacht, wie ich es schaffen kann, wieder auf die Füße zu kommen. Ich fragte mich also, wieso ich denn überhaupt mit Triathlon angefangen hatte, was denn ursprünglich mal mein großer Traum war. Ich wollte unbedingt einmal beim Ironman auf Hawaii starten. Also habe ich mich noch im selben Jahr für meine erste Langdistanz, den Ironman Florida, angemeldet, um mich potenziell für Hawaii zu qualifizieren.

Als ich diese Entscheidung bekannt gab, fielen die Reaktionen dazu sehr unterschiedlich aus. Die einen zollten mir Respekt, die anderen fanden mich irgendwie größenwahnsinnig und fragten, ob ich noch immer nicht genug hätte. Aber was hatte ich denn zu verlieren? Im Nachhinein gibt es für mich keine größere Genugtuung als zu wissen, dass ich das Rennen in Florida gewonnen habe und dann 2016 tatsächlich über die Ziellinie des Ironman Hawaii gelaufen bin.

»Alle haben gesagt, das geht nicht, bis einer kam, der wusste das nicht und hat es einfach gemacht.«

Inspiration statt Motivation

Viele Menschen suchen in schwierigen Situationen nach Motivation. Aber ich bin davon überzeugt, dass extrinsische Motivation gerade in solchen Fällen nur sehr schlecht funktioniert. Stattdessen brauchen wir Inspiration. Motivation weckt den Schweinehund, Inspiration die Leidenschaft. Ich lasse mich übrigens sehr gerne selbst inspirieren, insbesondere von einer ganz besonderen Person. Manche würden sagen, meine Mutter ist eine ganz normale eine Ärztin. Aber meine Mutter ist keine gewöhnliche Ärztin, sondern sie hat es sich zur Lebensaufgabe gemacht, anderen Menschen zu helfen. Als Ärztin kümmert sie sich so lange um den Patienten, bis sie ihm helfen kann. Als Ärztin sieht sie es nicht als ihre alleinige Aufgabe, den Tod des Patienten zu verhindern, sondern sie möchte ihm ein Stück Lebensqualität zurückgeben. Und als Ärztin behandelt sie keine Krankheiten, sondern Menschen. Das zu sehen, inspiriert mich. Sie inspiriert mich, neue Wege zu gehen. Sie inspiriert mich, auf diesen Wegen zu bleiben, auch wenn es mal nicht so läuft. Sie inspiriert mich, das zu tun, was ich liebe. Und sie inspiriert mich vor allem dazu, das Beste aus dem zu machen, was ich habe.

Wir vergessen leider viel zu oft, dass wir alle besondere Stärken haben! Doch immer mal wieder gibt es Momente, in denen uns bewusst wird, dass wir endlich damit anfangen sollten, das Beste aus unseren Möglichkeiten zu machen. Diese Momente erleben wir vielleicht nicht sehr oft, aber dafür dann umso intensiver. Vor einiger Zeit blieb ich beim Training an einer Stelle stehen, an der 2015 ein siebenjähriges Mädchen vor den Augen seines Opas von einem Auto überfahren worden war. Ich stand da, betrachtete die blauen Windrädchen und das kleine blaue Kreuz, das die Eltern dort liebevoll aufgestellt hatten, und hatte einen dieser besonderen Momente. In solchen Momenten ist es dann plötzlich nicht mehr relevant, ob wir die Steuererklärung vielleicht zu spät abgegeben haben. Wir werfen quasi einen Blick von außen auf unser ganzes Leben. Dieser Zustand hält dann ein paar Stunden, vielleicht sogar ein paar Tage an, und dann verschwimmt meist alles wieder im Alltag. Ich wollte aber nicht, dass dieser besondere Moment einfach so wieder verloren geht. Deshalb habe ich mich zu Hause hingesetzt und meine Gedanken aufgeschrieben. Daraus ist folgendes Gedicht entstanden, das bei mir auf dem Schreibtisch liegt und mich regelmäßig daran erinnert, öfter einen Blick von außen auf mich und mein Leben zu werfen.

»Scheinbar liegt es uns so fern,
doch würden wir es wirklich gern.
Es kostet Mut und Selbstvertrauen,
doch Beginnen ist uns oft ein Grauen.
Viele sagen ›Du schaffst es nicht!
Hör auf, tu einfach Deine Pflicht‹.

Worte, die uns zweifeln lassen
und nur zu gern unsre Welt verblassen.
Doch ein kleines Lachen, ein froher Scherz,
öffnet Türen, Träume und so manches Herz.
Fang an zu träumen,
hab Mut, nichts zu versäumen.
Ansonsten wirst Du Dir stellen eine Frage
und das bis zu Deinem letzten Tage.
›Was hätt' ich geschaffen für große Werke,
hätt' ich nur einmal gelebt meine eigene Stärke?‹

7. Entwicklung – Ziel erreicht und dann?

Ein Buch, ein Seminar oder ein Ratgeber sind immer nur so gut wie die Person, die die Impulse daraus auch umsetzt. Natürlich freut es mich sehr, wenn ich Dir mit der Lektüre meines Buches eine angenehme Zeit beschert und Dich im besten Falle vielleicht sogar zum Nachdenken gebracht habe. Doch aus meiner Erfahrung aus Seminaren, die ich entweder selbst geleitet oder an denen ich teilgenommen habe, weiß ich, dass sich bei mindestens 80 Prozent der Teilnehmer rein gar nichts ändern wird, wenn sie nicht innerhalb der ersten 12 Stunden danach die ersten Veränderungsschritte einleiten. Ja, genau, innerhalb der ersten 12 Stunden. Vielleicht hast Du schon von der 72-Stunden-Regel gehört, aber ich bin der festen Überzeugung, dass wir deutlich schneller in die Umsetzung gehen müssen, um die entstandene Euphorie bestmöglich nutzen zu können.

Man kann Menschen nicht ändern, aber man kann ihnen neue Möglichkeiten aufzeigen. Genau dafür gebe ich in meinen Seminaren oder auch mit diesem Buch hier mein Bestes. Wenn Du wirklich etwas an Deinem Leben ändern möchtest, dann nimm *jetzt* einen Stift und einen Zettel zur Hand und notiere die ersten Schritte, die Du von nun an umsetzen möchtest. Das muss nichts Schwieriges oder Kompliziertes sein. Du kannst mit ganz simplen Dingen beginnen. »Ich werde mehr lachen.« »Ich möchte mehr scheitern.« »Ich werde mehr Eis essen und weniger Salat und Bohnen.« Was es auch ist: Mach den ersten Schritt. Damit bist Du allen voraus, die das nicht tun. Vielleicht stößt Du in fünf Jahren dann irgendwo auf diesen Zettel und denkst Dir: »Wow, das war mein erster Schritt.« In fünf Jahren wirst Du froh sein, dass Du heute den ersten Schritt gemacht hast.

Egal, was Du tust, entscheidend ist, dass Du heute die alte Gewohnheit verlässt. Hast Du in diesem Buch Anregungen gefunden, die Du gerne umsetzen möchtest? Falls Du das nicht tun solltest, habe ich schlechte Nachrichten für Dich: Auch dieses Buch hat Deine Lebensqualität nicht verbessert, sondern im Gegenteil sogar verschlechtert. Denn theoretisch weißt Du zwar wieder etwas mehr, aber praktisch hat sich nichts geändert. Je mehr

Wissen wir ansammeln, ohne es tatsächlich umzusetzen, desto mehr stresst und belastet uns dieses Wissen. Ich spreche da aus eigener Erfahrung, denn ich habe es lange Zeit selbst so gehandhabt. Zu viel Input ohne Output macht kaputt! Gleichzeitig weiß ich aber auch, wie schwer es ist, diese innere Hürde zu überwinden. Das hat nichts mit mangelnder Disziplin zu tun, sondern mit der Tatsache, dass unser Hirn ungern Veränderungen zulässt. Alles beim Alten zu belassen, hat jahrtausendelang dafür gesorgt, dass wir überlebt haben. Aber heutzutage geht es um mehr als das bloße Überleben: Wir wollen leben, und das bedeutet, das Beste aus unseren Möglichkeiten und Stärken zu machen. Falls Du Dich dafür entscheidest, möchte ich Dir ein paar Tools an die Hand geben, mit deren Hilfe Du endlich ins Handeln kommst. Diese Tricks haben mir persönlich geholfen, nach meiner Karriere als Leistungssportler wieder aus dem Loch herauszukommen und es wäre mir eine große Freude, wenn ich auch Dir damit helfen kann. Geh es an und kämpfe für das, was Dir wichtig ist. Bring Deine Stärke ans Licht und Dein Potenzial zum Strahlen! Es lohnt sich.

»Viele Menschen überschätzen, was sie in einem Jahr, und viele unterschätzen, was sie in zehn Jahren schaffen können.«

Die 5 Säulen der Umsetzung

Welche Schritte sind nun tatsächlich notwendig, um in die Umsetzung zu kommen und sein Potenzial endlich zu entfalten? Eines vorweg: Die Schritte werden viel kleiner sein als Du vermutlich annimmst. Wahrscheinlich werden Dir die Schritte sogar so klein erscheinen, dass Du überhaupt keine Lust hast loszulaufen. Wenn Du erwartest, dass es schnell geht, können solche kleinen Schritte demoralisierend wirken. Doch auf der Erfolgsleiter kann man leider keine Sprosse überspringen.

Ob im Triathlon oder im echten Leben, es gibt eine Kompetenz, die alle anderen Fähigkeiten übertrumpft: Beharrlichkeit sticht Talent und Genie! Wenn Du Dir bewusst machst, dass es Energie, Mühe und Zeit kostet, etwas aus sich zu machen, dann gehst Du ganz anders an die Sache heran. Wer allerdings erwartet, dass alles von heute auf morgen klappen muss, wird enttäuscht feststellen müssen, dass dem nicht so ist. Wir leben in einer Zeit, in der immer und überall die Sonderangebote des Lebens auf uns warten. »So werden Sie innerhalb von einem Jahr ohne zu arbeiten zum Millionär.« »So verlieren Sie 10 Kilo in zwei Wochen ohne zu hungern.« Kennst Du diese Versprechungen?

Die Bitterkeit über das neuerliche Versagen hält jedoch noch lange an, wenn die Süße des billigen Preises längst verflogen ist. Daher gebe ich Dir Werkzeuge an die Hand, die Dir für die Umsetzung nutzen können. Kombiniert mit der Beharrlichkeit eines Siegers, überholst Du damit locker alle, die den Versuchungen der Sonderangebote erliegen.

1. Keep going!

Schaffe Dir eine Struktur, mit der Du die Sache in Angriff nimmst, und leg los. Gerade am Anfang wird Dir das unglaublich schwer fallen, da sich Dein Gehirn denkt: »Was machst Du da? Lass das! Es hat doch bisher ganz gut funktioniert!« Sich neue Gewohnheiten anzueignen, erfordert Kraft und Durchhaltevermögen. Bleibe jetzt stark, denn nach durchschnittlich 66 Tagen hat sich Dein Kopf darauf eingestellt, und Du hast eine neue Gewohnheit integriert. Damit Dir das leichter fällt, versuche, Dein Vorhaben so konkret wie möglich zu definieren und keine Hintertürchen offen zu lassen. Statt also beispielsweise zu sagen: »Ich trainiere drei Mal pro Woche im Fitnessstudio«, sagst Du: »Ich trainiere Montag, Mittwoch und Freitag.« Wenn Du nach einem langen Arbeitstag erst nach Hause fahren musst, um Deine Sportsachen zu holen, hast Du schon fast verloren. Das ist mit den Hintertürchen gemeint. Leg Dir also Deine Sachen gleich in der Früh ins Auto.

Die ersten beiden Monate entscheiden über Erfolg oder Misserfolg. Bleib dran!

2. Talk about it

Wie oft hast Du schon Vereinbarungen mit Dir selbst geschlossen? Und wie oft hast Du diese wieder verworfen, weil der Druck von außen fehlte? Wenn Du wirklich etwas ändern willst, dann erzähle davon. Lass andere an Deinen Zielen teilhaben. Denn erstens entsteht nun der Druck, »liefern zu müssen«, und zweitens hast Du Dein Ziel nun auch mal ausgesprochen. Für Dein Hirn macht es einen erheblichen Unterschied, ob Du etwas laut aussprichst oder nur leise vor Dich hinsagst. Wenn Du dann doch mal ein kleines Motivationsloch hast, kannst Du nicht mehr behaupten, Du hättest das so nie gesagt.

3. Emotionen

Die meisten Tipps und Tricks, um Ziele zu erreichen, sind eher sachlich und rational formuliert. Wir Menschen funktionieren nun aber einmal zu einem Großteil nicht rational, sondern emotional. Wieso gibt es auf Youtube Motivationsvideos? Wieso hören Menschen beim Sport Musik? Weil sie sich davon emotional berühren lassen – und das motiviert. Sorge also für reichlich Motivationsmaterial: Hänge motivierende Bilder auf und schreibe Dein Ziel darauf, lege auf Deinem Computer einen Ordner mit motivierenden Videos an, und erstellen Dir eine Playlist mit Liedern, die Dich antreiben. Deiner Fantasie sind dabei keine Grenzen gesetzt.

4. Ein bisschen blöd schadet nicht.

Eine gute Freundin meinte einmal zu mir: »Flo, manchmal wäre es gar nicht so verkehrt, einfach nur dumm zu sein.« An diesem Satz ist mehr dran, als man glauben mag. Ich halte mich persönlich zwar für nicht sonderlich intelligent, aber in manchen Situationen neige ich dazu, das Ganze kaputtzudenken. Klar sollten wir uns hin und wieder Gedanken machen, aber noch viel häufiger sollten wir einfach mal machen, ohne zu denken. Dieses wiederholte Nachdenken und Grübeln kostet nicht nur Energie, sondern raubt uns auch noch unser Selbstvertrauen – und das ist Gift für unsere Potenzialentwicklung. Charles Bukowski hat es einmal ganz gut auf den Punkt gebracht: »Das Problem dieser Welt ist, dass die intelligenten Menschen so voller Selbstzweifel und die Dummen so voller Selbstvertrauen sind.«

5. Mentoring

Wie Du weißt, hat unser Umfeld einen erheblichen Einfluss auf unsere Entwicklung. Wenn Du ein großes Ziel erreichen möchtest, dann such Dir einen Mentor, also jemanden, der bereits das erreicht hat, was Du zum Ziel hast. Diese Person wird Dir nicht nur die Schritte aufzeigen können, die notwendig sind, um vorwärts zu kommen, sondern sie wird dafür sorgen, dass Du auch dann dranbleibst, wenn Du eigentlich keine Lust mehr hast. Schließlich willst Du Dich vor ihr nicht blamieren. Stelle aber sicher, dass Dein Mentor Dir in dem Bereich, in dem er Dich unterstützen soll, tatsächlich deutlich voraus ist. Denn leider gibt es viele selbst ernannte Experten, die Dir erklären wollen, wie das alles funktioniert, aber selbst eigentlich kein Ahnung haben. Gemäß dem Spruch: »Never take financial advice from broken people.«

Wer bin ich?

Neben den Tipps zur Umsetzung möchte ich in diesem Schlusskapitel Deine Aufmerksamkeit noch auf ein anderes Thema lenken, das in der Regel über allem steht und mit dem wir uns immer wieder mal beschäftigen sollten. Leider wird diesem Thema oft zu wenig Bedeutung beigemessen. Dabei ist es ganz entscheidend dafür, ob wir unser Potenzial zur Entfaltung bringen oder einfach nur das machen, was andere von uns verlangen.

»Erkenne Dich selbst« oder, wie es auf Griechisch heißt, »Gnothi seauton«, ist nicht nur eine jahrtausendealte Inschrift am Apollotempel in Delphi, sondern vermutlich auch das älteste Bedürfnis der Menschheit. »Wer bin ich?« ist vermutlich die einzige Frage, die wir in unserem Leben wirklich beantworten müssen. Aber wer sind wir eigentlich? Wer bist Du? Wer bin ich? Was antwortest Du, wenn ich Dir diese Frage stelle?

In aller Regel verknüpfen wir unsere Identität mit bestimmen Dingen: unserem Job, unseren Vorlieben, unserem Lieblingsfußballverein, unserer Lieblingsband, unserer Kleidung, unserem Facebook-Profil und so weiter. Glauben wir allen Ernstes, dass uns diese Sachen ausmachen?

Ich jedenfalls war lange Zeit tatsächlich davon überzeugt, dass mich der Sport ausmacht. Dass es wichtig ist, es allen Menschen recht zu machen. Ich dachte, mein durchtrainierter Körper sei der elementare Teil von mir. Aber stimmt das wirklich? Angenommen, Du befindest Dich in einer Extremsituation, bist beispielsweise schwer krank und hast nur noch wenige Wochen zu leben, oder ein guter Freund stirbt. Was macht Dich in solchen Situationen wirklich aus? Was bleibt von uns wirklich noch übrig? Ist es das Sixpack? Ist es das tolle Auto? Ist es der Job?

Du ahnst vermutlich schon die Antwort darauf: All das sind in der Regel nur belanglose Masken unseres Lebens. In extremen Situationen erkennen wir auf einmal, dass uns das alles nichts nützt. Wir halten schicke Anzüge, teure Autos, gestählte Körper und schöne Partner zwar für das Qualitätssiegel eines erfüllten und erfolgreichen Lebens. Ein Mann im Armani-Anzug, mit Rolex-Uhr, der mit seiner bildhübschen Freundin aus dem Porsche aussteigt, muss sein Leben wohl im Griff haben. Aber sehr oft ist genau das Gegenteil der Fall! Denke nur an Suizide von erfolgreichen Managern oder Weltstars, die immer wieder zeigen, dass dieser Erfolg alleine noch nichts darüber aussagt, wie es in jemandem aussieht.

Hin und wieder begegnen wir Menschen, die nach außen hin einen ganz anderen Eindruck machen. Zerrissene Jeans, Schlabberlook, polarisierende Meinungen zu bestimmten Dingen, unabhängig davon, was andere denken. Also Menschen, bei denen wir uns vielleicht im ersten Moment denken: Was ist das denn für einer? Aber dann stellt sich heraus, dass diese Person bis dato ziemlich viel im Leben erreicht hat, vielleicht eine Menge Geld und ein paar schöne Autos besitzt. Es wird deutlich, dass diese Person sich einfach so gibt, wie sie ist, ohne Rücksicht darauf, was andere darüber denken. Und sind es nicht genau solche Menschen, die wir bewundern? Für ihre Klarheit, ihr Standing und alles, was sie erreicht haben? Aber vor allem bewundern wir sie dafür, dass sie sie selbst sind, ganz ohne Maske. Sie mögen vielleicht ein paar unserer scheinbaren »Qualitätsmerkmale« besitzen, wie Geld, Autos und so weiter, aber diese Dinge machen sie nicht aus. In diesem Zusammenhang ist das größte Kompliment, das man einem Redner machen kann: »Du bist ja im echten Leben genauso wie auf der Bühne.«

Eine Frage habe ich mir selbst vermutlich noch öfter gestellt als andere: »Warum tue ich mir solche Qualen im Sport eigentlich an?« Es hat 15 Jahre gedauert, bis ich eine Antwort darauf gefunden habe. Mir ging es nie ums Gewinnen oder darum, ganz oben auf dem Siegerpodest zu stehen und den Pokal in den Händen zu halten. Denn der Pokal alleine macht nicht glücklich, sondern oftmals sogar ziemlich einsam. Aber ich habe lange Zeit geglaubt, dass es genau darum ginge! Tatsächlich aber wollte ich schlicht und ergreifend herausfinden, wer ich wirklich bin. Die Frage der Fragen lautet also: Wie findest Du heraus, wer Du wirklich bist? Die banale und zugleich so schwierige Antwort kann nur heißen: Gehe an Deine Grenzen! In Extremsituationen wird der Charakter eines Menschen nicht nur deutlich, er wird vor allem auch dadurch geformt. Warum machen immer mehr Menschen Triathlon oder laufen einen Marathon? Warum sind sie alle so glücklich, wenn sie durchs Ziel laufen? Nicht weil sie eine Medaille bekommen haben, sondern weil sie sich durchgebissen und ihren Schweinehund überwunden haben – und sich so selbst wieder ein Stück nähergekommen sind. Nicht jeder muss einen Ironman machen – aber persönliche Entwicklung ist nur außerhalb der Komfortzone möglich. Wer seine Stärken nicht nur entdecken, sondern auch leben will, muss Grenzerfahrungen machen. Für die einen ist das ein Ironman, für die anderen schon eine einstündige Bergwanderung. Doch wenn Du Tag für Tag, Woche für Woche, Monat für Monat und Jahr für Jahr immer nur den gleichen Tätigkeiten nachgehst, wenn Du immer nur das machst, was andere Dir vorgeben, dann wirst Du Dich nie wirklich kennenlernen, sondern sich im Gegenteil immer weiter von Dir selbst entfernen.

In regelmäßigen Abständen – aber nicht zu oft, denn sonst wird's wieder zu verkopft – frage ich mich: Wer bist Du? Was kannst Du? Was macht Dich aus? Wie möchtest Du die Welt zurücklassen? Welche Menschen möchtest Du stolz machen? Ich weiß, dass ich als jemand wahrgenommen werden möchte, der mit Lachen und Lebensfreude durch den Tag geht, ob auf der Bühne vor Publikum, an der Startlinie eines Triathlons oder vor Freunden und Familie. Ich weiß, dass mich meine Willenskraft durch schwere Phasen trägt, und ich weiß, dass ich meine Eltern und Großeltern stolz machen möchte. Und wie anders ließe sich das erreichen, als einfach das Beste aus sich zu machen?

»Sei Du selbst. Alle anderen gibt es schon.« (Eckard von Hirschhausen)

Hinter dem Horizont geht's weiter

Ich kann mich noch gut daran erinnern, wie ich am Abend des 7. Oktobers 2016, einen Tag vor dem Ironman Hawaii, auf der Terrasse meines Appartements stand und in den Sternenhimmel blickte. Ich stand einfach nur da und dachte mir: »Morgen ist es so weit. Morgen ist der Tag, von dem Du immer geträumt hast und für den Du Dir jahrelang im Training den Arsch aufgerissen hast.« Es war wirklich ein besonderer Moment, schön und surreal zugleich. Ich fragte mich auch, wie es sich wohl anfühlen würde, wenn das Rennen vorbei wäre. Irgendwie hatte ich wohl die Vorstellung, dass danach alles anders sein würde, ein Glücksgefühl, das sich nicht beschreiben lässt.

Und dann war dieser Moment tatsächlich da, als ich nach schier unendlichen 226 Kilometern auf dem Alii Drive über die Ziellinie des Ironman Hawaiis lief. Immer und immer wieder hatte ich mir ausgemalt, wie sich das wohl anfühlen würde. Ich hatte mir das als den Höhepunkt meines bisherigen Lebens vorgestellt. Vermutlich glaubst Du, ich wäre vor Endorphinen beinahe geplatzt, oder? Aber in Wahrheit fühlte ich mich einfach nur abgrundtief leer. Ich saß am Pier, an einem der schönsten Orte der Welt, nachdem ich eine der größten sportlichen Herausforderungen, der man sich nur stellen kann, gemeistert hatte und weinte. Um mich herum waren Tausende Menschen, und dennoch habe ich mich noch nie so einsam gefühlt. In diesem Moment realisierte ich, dass ich mir gerade einen meiner größten Lebensträume erfüllt hatte.

Am Abend stand ich wieder auf meiner Terrasse, exakt 24 Stunden später. Ich blickte erneut in den Sternenhimmel und hinaus aufs Meer und dachte mir nur: »Jetzt ist es vorbei. Endgültig. Du hast Deinen größten Traum verwirklicht, für den Du so viele Opfer gebracht hast. Und jetzt?« Wirkliche Freude und wahre Glücksgefühle empfand ich erst am nächsten Tag wieder, als ich mit meinem Trainer, der im Laufe der Zeit zu einem echten Freund geworden war, in einer entlegenen Bucht mit Delfinen schwimmen war. Unter mir und neben uns die Delfine im türkisblauen Wasser. Dieses Gefühl von Freiheit und Glück kann nur ein Mensch nachempfinden, der es selbst erlebt hat. Nie zuvor hatte ich die Schönheit des Lebens so wie in diesem Moment erlebt.

Von Kindheit an wird uns vermittelt, dass Erfolg immer einer Kausalkette folgt: »Wenn Du dies machst, bekommst Du jenes.« »Wenn Du Dein Zimmer aufräumst, dann bekommst Du mehr Taschengeld.« »Wenn Du hart arbeitest, kannst Du Dir Deinen Traum erfüllen.« Wir haben gelernt, nach bestimmten Dingen zu streben: einem eigenen Haus, einem schönen Auto, einer bestimmten Position im Job. Wir haben auch gelernt, dass man dafür Energie investieren muss und dass es sich lohnt, für seine Träume zu kämpfen. Das ist natürlich auch nicht verkehrt. Aber was passiert, wenn wir unser Ziel erreicht, den Traum verwirklicht haben? Das erklärt uns niemand. Wie oft sagen wir: Vorfreude ist die schönste Freude. Uns ist gar nicht bewusst, wie viel Wahrheit in diesem Satz steckt. Das fängt im Kleinen an, wenn man beispielsweise seit Wochen eine große Feier plant und sich darauf freut, dass es endlich losgeht. Und dann ist die Feier vorbei und wir stellen fest, dass die Vorfreude größer war als die Freude beim eigentlichen Event. Im Großen ist das nicht anders: Wer jahrelang auf seinen großen Traum hinfiebert und dann plötzlich auf dem Gipfel steht, kennt dieses Gefühl.

Im Englischen heißt es: The chase is sweeter than the catch. Die Jagd ist süßer als die Beute. Vom Gipfel aus geht es nur in eine einzige Richtung weiter, nämlich hinunter. Du kannst auf dem Gipfel ein paar Zusatzrunden drehen oder ein paar Liegestützen machen, aber die Leistung, die Du für den Aufstieg erbracht hast, wirst Du nie wieder toppen können. Ich habe Erfolg für mich lange als »Ankommen« definiert, aber inzwischen bin ich zu der bitteren und zugleich so wertvollen Erkenntnis gelangt: Wie kommen niemals wirklich an. Wer ankommt, ist tot. Aber so lange wir leben, geht es auch hinter dem Horizont weiter.

Irgendwann mal ...

»Irgendwann mal mache ich eine Weltreise. Irgendwann mal kaufe ich mir mein Traumauto. Irgendwann mal genieße ich meine viele freie Zeit.« Dieses »Irgendwann mal« muss ziemlich geil werden! Allerdings wird dieses »Irgendwann mal« für viele nicht eintreten, denn wir vergessen nur zu gerne, dass wir alle sterblich sind. Wir blenden aus, dass eine von fünf Personen ihre Rente nicht erleben wird, weil sie vorher stirbt. Und ein weiterer großer Prozentsatz derjenigen, die dann noch leben, sind so krank oder gebrechlich, dass sie das, was sie eigentlich machen wollten, nicht mehr tun können. Wir hoffen, irgendwann einmal anzukommen und erwarten damit etwas, das sich nicht erfüllen wird beziehungsweise gar nicht erfüllen kann. Die meisten von uns sehen Erfolg als etwas sehr Positives. Jeder möchte erfolgreich sein, und daran ist erst einmal auch überhaupt nichts auszusetzen. Das Streben nach Erfolg treibt nämlich an und führt zu Fortschritt. Doch so wie wir heute Erfolg verstehen, macht er vor allem eines: einsam. Auf dem Weg zum Gipfel verlieren wir die Leichtigkeit, mit der wir uns einst auf den Weg gemacht haben.

Viele Außenstehende konnten nicht nachvollziehen, wieso ich nach meinem Europameistertitel und dem Ironman Hawaii meine Karriere als Profisportler an den Nagel gehängt habe. Doch ein weiterer Titel im Triathlon hätte mich kein Stück glücklicher gemacht. Ich habe meinen persönlichen sportlichen Gipfel erreicht. Auf der einen Seite war der Ironman Hawaii für mich eine Challenge, die mich geformt hat, und ich bin stolz und glücklich, sie gemeistert zu haben. Auf der anderen Seite gibt es für mich jetzt nichts Aufregenderes, als mich auf den Weg zu neuen Gipfeln zu machen. Für mich ist nie der Gipfel das Ziel, sondern immer der Weg, die Menschen, denen ich begegne und die Abenteuer, die ich erlebe, die das Erreichte wertvoll und das Leben lebendig machen.

Tatsächlich habe ich 2016 einmal aufgeschrieben, was Erfolg für mich eigentlich bedeutet. Das einmal klar formuliert zu haben, verleiht mir eine gewisse Gelassenheit für die Zukunft.

Erfolg bedeutet für mich, …

… das zu tun, was ich liebe. Meine eigene Geschichte zu schreiben und alles zu tun, was ich mir im Leben wünsche, ohne später etwas bedauern zu müssen. Meine Träume zu verfolgen und auf diesem Weg andere Menschen zu inspirieren, ihre Stärke zu entdecken, sie zum Lachen zu bringen und sie zu ermutigen, das Beste aus ihrem Potenzial zu machen. Ein selbstbestimmtes Leben zu führen, finanziell frei zu sein und reisen zu können. Einen Bauchmuskelkater vom Lachen zu bekommen. Menschen um mich zu haben, mit denen ich lachen und weinen kann. Große Ziele zu verfolgen und diese zu erreichen. Ziele, die etwas bewegen. Arbeiten zu können, aber nicht zu müssen, und mit dieser Arbeit einen Nutzen zu stiften. Mir auch den ein oder anderen Luxus zu gönnen und gleichzeitig anderen etwas zurückzugeben. Erfolg bedeutet für mich auch, am Abend im Bett zu liegen und mich über den zurückliegenden und auf den folgenden Tag freuen zu können. Dankbar für das zu sein, was ich habe. Niemals stehen zu bleiben oder aufzugeben und mich damit ständig weiterzuentwickeln. Als Sportler, als Redner und als Mensch. Das ist für mich Erfolg.

»Wenn Du Meister in einer Disziplin bist, musst Du wieder Lehrling in einer anderen werden.« (Chinesische Lebensweisheit)

Am Anfang ist da diese Idee. Aus dieser Idee wird ein Ziel. Und aus diesem Ziel wird ein Traum. Wir sind uns nicht sicher, ob wir es tun sollen. Wir zögern, wir zweifeln, ob wir es wirklich drauf haben. Aber irgendwann machen wir den ersten Schritt. Auf unserem Weg gibt es Momente, in denen wir zu fliegen scheinen. In anderen schauen wir ungläubig auf unsere Füße, um zu checken, ob wir uns überhaupt noch fortbewegen. Immer wieder zweifeln wir an unseren Fähigkeiten und fragen uns, ob wir jemals ankommen werden. Aber wir bleiben hartnäckig. Wir fallen hin und stehen wieder auf und sind so sehr damit beschäftigt, einen Fuß vor den anderen zu setzen, dass wir manchmal gar nicht bemerken, wie weit wir schon gekommen sind. Wenn wir anfangen, das zu realisieren, sind wir bereits dabei, unsere Stärken zu leben. Wir laufen über die Ziellinie und sind der glücklichste Mensch auf dieser Welt. Wir platzen fast vor lauter Endorphinen. Gleichzeitig realisieren wir aber auch, dass sich diese Reise, an diesem Ort dem Ende zuneigt. Was machen wir dann? Wir nehmen all unseren Mut zusammen und machen den ersten kleinen Schritt hin zum nächsten großen Traum.

Erforsche und lebe Deine Stärken, und lass Dir nie einreden, Du könntest das nicht – schon gar nicht von Menschen, die selbst noch nie ein Ziel erreicht haben. Akzeptiere, auch mal zu scheitern, und nimm das Leben öfter mal auf die leichte Schulter. Du kannst mehr, als Du glaubst!

»Es gibt nie ein ›Zu früh!‹, wenn es sich richtig anfühlt. Es gibt nur ein ›Zu spät!‹, wenn man zu lange wartet.« (twitter.com/@JeckesDing)

Danke!

Ein Buch zu veröffentlichen, hat viele Parallelen zu einem Ironman. Es gibt Phasen, in denen es richtig gut läuft. In anderen klappt es nicht ganz so, wie man es sich vorstellt. Um das alles zu meistern, braucht es auf der einen Seite Disziplin, Durchhaltevermögen und den Glauben daran, dass man es schafft. Fähigkeiten, die man sich, wie in diesem Buch beschrieben, aneignen kann. Auf der anderen Seite gibt es dann aber auch Situationen, in denen selbst der härteste Ironman zusammenzubrechen droht. Phasen, in denen die beschriebenen Fähigkeiten nicht mehr auszureichen scheinen. Phasen, in denen man das Gefühl hat, die ganze Welt ist gegen einen. In genau solchen Situationen braucht es manchmal nur eine einzige Sache: einen Menschen, der hinter einem steht!

Triathlon ist ein Einzelsport und auch auf dem Cover dieses Buchs erscheint nur mein Name. Nach außen hin mag es den Eindruck vermitteln, als sei es allein meine Leistung gewesen. Viele sehen den Erfolg als ein schönes Foto. Aber bei genauerem Hinsehen erkennt man, dass es ein 1000-teiliges Puzzle ist. Erfolg ist nie ein Bild, Erfolg ist immer ein Puzzle, bei dem jedes einzelne Teil dazu beiträgt, dass am Ende ein harmonisches Bild entsteht. Es gibt vermutlich wenig glaubwürdigere Möglichkeiten, als in der Öffentlichkeit Danke zu sagen und genau das tue ich hiermit.

Ich danke meinen Sponsoren, dass sie mich bei diesem Abenteuer Triathlon über Jahre hinweg nicht nur finanziell unterstützt, sondern auch in Phasen, in denen es nicht lief, immer zu mir gehalten und an mich geglaubt haben.

Ohne den intensiven Austausch mit den beiden Buchprofis Dorothee Köhler und Jörg Achim Zoll hätte dieses Buch niemals den Tiefgang und die Klarheit bekommen, die es heute auszeichnet. Diese Zusammenarbeit war kein Bundesliganiveau, es war absolute Champions League! Frau Köhler, Herr Zoll, Sie sind grandios!

Mein Speaker-Kollege Rolf Schmiel hat mir nicht nur den finalen Impuls gegeben, mich diesem Buchprojekt zu widmen, er war auch mein Mentor, der immer wieder den Finger in die Wunde gelegt hat. Das war nicht immer angenehm, aber sehr wertvoll. Vielen Dank dafür!

Ein großes Dankeschön geht an all die Menschen, die an mich und meine Stärken geglaubt haben und es immer noch tun. Ich weiß sehr wohl, dass es nicht nur eine Menge Geduld und Energie erfordert, meine Eigenheiten über einen so langen Zeitraum zu ertragen, sondern dass genau das der größte Beweis dafür ist, dass Ihr wirklich hinter mir steht. Ein ganz besonderer Dank gilt dabei vor allem auch meinem besten Freund Peter.

Und dann gibt es da noch ein paar ganz außergewöhnliche Menschen: meine Familie, mein Vater und mein Bruder. Ihr habt so vieles dafür geopfert, dass ich der werden konnte, der ich heute bin. Mein Onkel. Ich kann immer auf Deine Hilfe zählen! Meine Oma. Mir zuliebe hast Du Deine Zeit und Energie geopfert und tust es immer noch. Trotz so vieler Hürden hast Du niemals an mir und meinen Stärken gezweifelt. Mein Opa, der leider schon 2001 verstorben ist. Ich würde Dir nur zu gerne sagen, wie viel Du mir bedeutet hast und wie dankbar ich Dir bin. Und wie so oft kommt das Beste zum Schluss: Danke, Mama! Du hast mir gezeigt, was es bedeutet, im Leben für das zu kämpfen, was einem wichtig ist. Du hast mir gezeigt, was es bedeutet, immer wieder aufzustehen und niemals aufzugeben, egal wie hart die Rückschläge auch sind. Du hast mir gezeigt, dass aus großer Kraft große Verantwortung folgt. Kraft und Verantwortung, die Welt zu einem besseren Ort zu machen. Du hast immer das Beste für mich gewollt und gegeben! Vielleicht ist es für Dich ein beruhigendes Zwischenfazit, dass sich meine ganzen Schwierigkeiten und Probleme doch noch ganz gut verwachsen haben. ☺ Ihr alle seid die Menschen, die ich stolz machen möchte!

Deine Schritte zu mehr Stärke

Du möchtest mehr über meine Methoden erfahren und die Kraft der persönlichen Stärke nutzen? Dann hast Du drei Möglichkeiten:

- Erlebe Florian Wildgruber live – auf der großen Deutschland-Road-Show oder in seinen Seminaren. Lass Dich mitreißen und begeistern und erlebe Momente, die Du nie wieder vergisst. Termine unter www.florianwildgruber.com

- Hole Florian Wildgruber in die Schulen. Auf unterhaltsame und nachhaltige Art und Weise bringt er Schülerinnen und Schüler das Thema persönliche Stärke näher. Infos unter www.florianwildgruber.com

- Hole Florian Wildgruber in Deine Organisation, Dein Unternehmen, Deine Stadt. Egal, ob Kunden- oder Mitarbeiterveranstaltungen, Vertriebs- oder Führungskräftetagungen, Jahresversammlungen oder Verbandstreffen: Florian Wildgruber sorgt mit seinen Vorträgen immer für eine Unterhaltungsshow der Extraklasse. Infos unter www.florianwildgruber.com/vortraege

Über den Autor

Florian Wildgruber – Bachelor Fitness-Ökonomie, Master Sport-Psychologie und Coaching, Deutscher Meister und Europa-Meister im Triathlon, Ironman-Hawaii-Finisher, dreimal Sportler des Jahres, Gewinner und Juror von Speaker Slams, Buchautor, Hochschul-Lehrbeauftragter: Nein, Florian ist nicht Mitte 50 – sondern gerade einmal 26. Ein solcher Werdegang erfordert perfekte Ausgangsbedingungen und eine Menge Talent. Oder vielleicht doch nicht? Die Realität bei Florians Start ins Leben lautete: halbseitige Lähmung, Hüftdysplasie, Schulunfähigkeit. Alles andere als ideale Ausgangsbedingungen also. In Kindergarten und Schule erlebte Florian schon früh, dass die klassischen Lern- und Fördermethoden sich nicht dafür eigneten, dass er seine persönlichen Stärken nutzen konnte. Also hat er sich auf den nicht immer leichten Weg gemacht, herauszufinden, wie er es schafft, sein persönliches Potenzial zu erkennen und einzusetzen.

Als Buchautor und Speaker gibt er seine Erfahrungen in Vorträgen, Seminaren und Coachings weiter und unterstützt seine Leser und Zuhörer dabei, sich auf die Suche nach ihren eigenen Stärken und ihrem Potenzial zu machen. Dabei leitet ihn die Überzeugung: Jeder Mensch kann mehr, als er selbst glaubt. Florian Wildgruber schafft es, mit einem Mix aus mitreißendem persönlichem Stil, Leichtigkeit, zündenden Geschichten und fundiertem psychologischem Wissen anderen Menschen Orientierung zu geben. Dabei greift er immer wieder gesellschaftliche Megatrends und wirtschaftliche Zusammenhänge auf – und gibt so auch den Menschen in Organisationen und Unternehmen wirksame Strategien an die Hand, wie sie den veränderten Realitäten in der Arbeitswelt und im Privatleben begegnen.